灵蛇图像

解读艺术的秘密

情结与象征

段守虹 著

陕西出版传媒集团
陕西人民美术出版社

一条波形线能引发人们的审美感觉，是来自最初文化基因的决定。

前　言

如果你是一个酷爱远足并且对人类的古代文化有兴趣的旅行者，如果你是一个凡博物馆和古代文化遗址都必去参观的人，那么你会看到一种特别的现象:人与蛇有着过于亲密的关系。学者经过仔细的研究，认为在久远的古代，人们经常会与蛇为伴。在中国的汉语中，就称蛇为“它”，读音为shé，因为经常见面，也就自然带到生活中来了。这问题就出现了，为什么几乎在所有的文明区域里，蛇都有如此显赫而崇高的地位，这是一个很值得探讨的话题。

以我们目前所具有的科学水平，想透彻且全面地了解人类的起源、人类文化的发端，或者说艺术中所蕴含的有关人类精神的复杂因素，都是相当困难的。因为我们的视野从微观到宏观，观察到的东西越多，带给人们的疑问就越多越庞杂，研究尚未深入，疑问就接连而至。世界需要人来解决问题，也许蒙昧未开的人们就在用他们的“科学方法”来解决问题了。经历了世代的研究，方才知道世界就是由问题构成的。当我们探寻以前人们解决问题的方法时，遇到的最主要的问题是我们已经搞不太懂了，例如巫术的发明与使用。

而蛇的形象在人类的文化进程中起着不容忽视的作用，这一切又是如何发生的？这样的观念融进人们的潜意识，被人们曲曲折折地延续下来的原因又是什么？

人类巫术观念的发生与方法的发明，成为人类走向文明的重要一步，它所携带的艺术直觉，更为人类的精神世界注入了无尽的力量，成为人类确认世界面貌、认定自我价值的一个有用的方法，它已经成为自然的一部分。最深刻的原因是人类要如何解读他们面对世界时潜意识的知觉所起着的决定性作用。

当我们说自然在现代社会面前，是远离而去，其实是我们的心境在社会的功利性面前远离了我们。理论在经验之后，直觉在经验之先，远古时代第一批被称为“人类”的生物出现，他们作为“人”所获得的生存经验是没有的，然而凭借着生物的直觉使他们生存了下来，并且把他们最初的生存经验包裹上巫术的外壳——这是将美好的渴望，转化为文化基因，埋藏在潜意识中，传给了一代又一代的人们，成为对“美”的最初体验。

这是一次对远古先民文化历程所做的剖面尝试，寻找美原本是个什么东西。

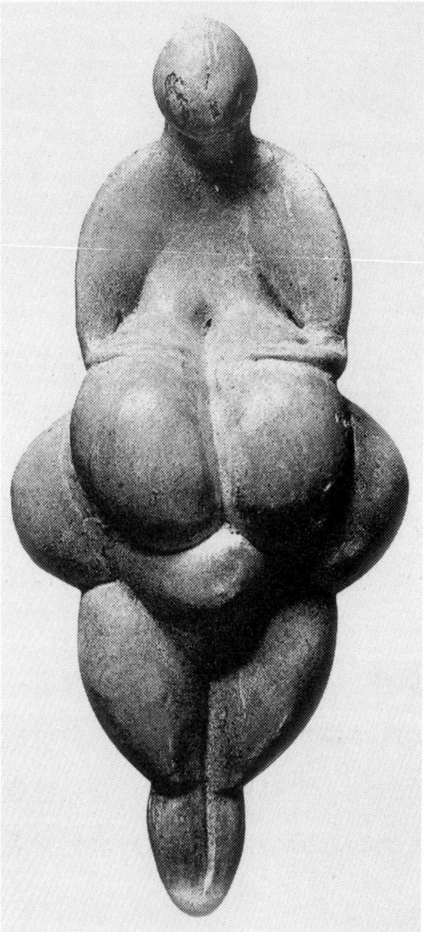

这个原始母神类似于人大脑结构的构造，因为其中隐含着某些潜意识东西吗？解读人类所创造的图像会有不一样的认识。

目　录

被蛇纹形式支撑着的远古时代

灵蛇，悠久文明的象征

蛇图像在文化进程中的嬗变

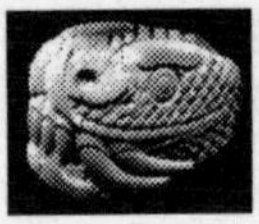

精灵的抖动，在空间中的无穷变化

后世艺术形式中隐喻的蛇图像

被蛇纹形式支撑着的远古时代

导语

人类在文化精神发轫之初，到底是在一种什么状况下产生了偶像的崇拜，恐怕是所有人类学家要找寻的终极目标。各种假说都有它们的证据，终归无法再现令所有生物惊骇的场景。之所以这样形容，无非是要对那最初的文化精神做出最隆重的纪念。真实的情况有可能只是早期一小群被称为“人”的生物一个原始的生命冲动，铸造了最简易、最默默无闻的祭祀场面。然而这个举动就是人从其他动物群中脱离出来的第一步，开始步入万物之灵的地位，直到自觉反省的文化思维的高度。人类在数千年或上万年的时间历程中，牢牢地记住了祖先的偶像崇拜物，无论这群“人”迁徙得如何分散，一直将最初认定的偶像保留在自己的文化意识中，成为意识深层的文化基因。

意会的形式与观念形成期的特征

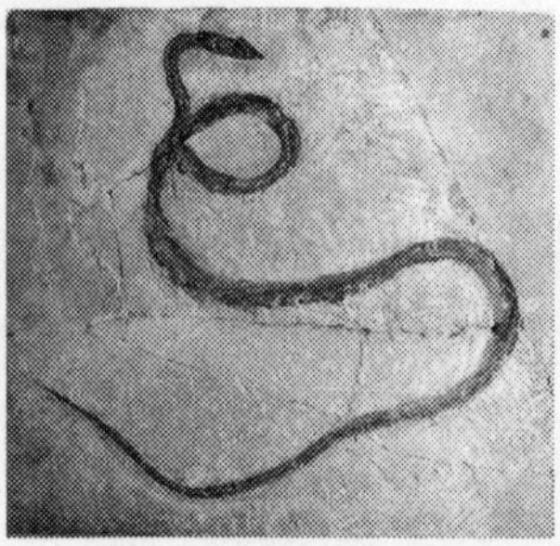

古海蛇化石

现在有化石发现证明，最早的蛇类出现在白垩纪初期的地层里，距离现在大约有1.3亿年了，比人类出现在地球上的时间要久远得多。人类的祖先古猿还在树上生活的时候，就会遇到蛇，后来古猿到地上活动之后，与蛇的接触就更为频繁。这个阶段，作为一般生物的猿类，不会对捕蛇有什么精神意识上的需求，果腹生存应该是其本能的唯一表现。在中国猿人化石的遗址，就曾经发现了蛇的遗骸，这也表明当时猿人与蛇类有着密切的关联，或者说蛇在原始人类的头脑中留下深刻的印象，或者说人类的祖先与蛇之间还有我们不曾了解的关系。当人类进入到智人阶段后，才有可能把对蛇的理解反映在心理意识上。

人类的旧石器时代大致从250万年前开始至1万年前结束，现代基因科学的发展，勾勒出了一条人类繁衍发展的脉络。有美国基因研究人员对基因线粒体的研究表明，人类的血缘可以上溯到大约15万年前生活在非洲的一位女性。虽然当时还有其他女性，但只有她的DNA遗传了下来，而这个群落开始逐步走出非洲，也就是说当前遍布在全球各地的不同人种都是来自一位母亲的后裔，这个科学的成果是惊人的。

地球上第一位女性“夏娃”，这来自旧石器时代人类共同的母亲包含着些什么信息，现在很难找到确切的资料，我们从其他的生物习性中可以见到相类似的情况。这是一个以女性为中心的生活群落，是母系社会形成的前期。她强悍聪明，也富有创造性，处在领导者的位置，犹如象群中的头

自然界中的蛇

象，大象群就是以母象为头领的。群落中最强健的雄性都与她交合，生儿育女。我们没有任何相关资料是准确地记载她曾经的所思所想。对于人类初蒙的第一人，她身上所发生的一切，都有可能全部写入她的基因记忆中。

之所以这样说，对生命的研究已经表明——思维和生存知识在某种程度上是可以转化为本能的。例如黑猩猩可以用草棍插入白蚁窝，引诱白蚁爬到草棍上而获得食物；仰卧在水中的海狸鼠将浑圆的石块放到肚子上，把河蚌在石块上击碎而获得食物；鲨鱼、狮子或狼等动物，都有协同狩猎的能力。为了生存与繁衍，它们中都有一种共同意会的形式存在。

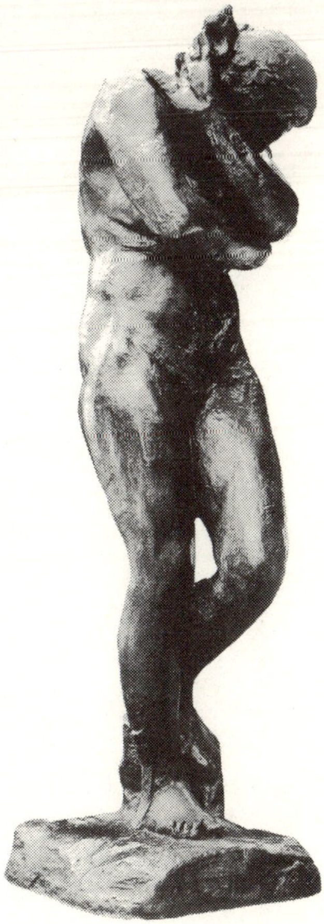

〔法〕奥古斯特·罗丹《夏娃》

但是动物们有一点是不能与人类相比的，这就是祭祀，哪怕是最简单的一个行为，也是源自心理和精神意识的复杂思考，也是人与苍蝇之间截然不同的分野。据研究，人与南美洲的一种果蝇在DNA上有百分之九十几的相似度，然而人自从获得了祭祀的观念后，就获取了人所独有的精神力，自然从动物群中分离出来。乍看之下，人类初期祭祀的指向，仍然是生存与繁衍，然而它最初的意义会随时间而蔓延扩展开来，不断地演化变换，将人类带入精神的巅峰，成为凌驾于万物之上的生灵。

关于人类“夏娃”是如何产生了祭祀的想法，我们已经不得而知，很难复原曾经发生过的事实了。但是，**这最初的作为也一定是来自一个“逻辑”的意会（背景链接一）**，创造了最初精神表达的

《山海经》中不同版本的雨师妾形象

远古时代流传下来的各种载体的图像资料都显示：双手操蛇的巫师形象，是一项具有十分重要意义的仪式。它与雨或水有着密切的关系，并且在世界范围里存在过。而中国重要的北方方位神玄武，应该是上古操蛇巫术仪式的一种转化。

根据阴阳五行理论，北方属水，玄武即是水神，《后汉书·王梁传》：“玄武，水神之名。”李贤注：“玄武，北方之神，龟蛇全体。”由此可知，玄武是一种由龟和蛇组成的一种灵物。在中国神话中还有一位神，与玄武也有相似之处，即冬天之神北方玄冥（一说为雨师），被认为是人面鸟身，两边的耳朵上各悬一条青蛇，脚踏两条青蛇，形象颇为怪异。

在历史文化的演变中，巫师的形象隐退了，玄武以龟蛇相对合体的形状出现，被看作雌雄交配、生殖繁衍的标志，这一点保留着上古时期对蛇的认同。

《山海经》中的洞庭怪神，他的发髻上置有蛇

玄武神

迈锡尼文明中双手操蛇的女神形象

从世界范围的人类文化中考察神或人双手操蛇的形象，都包含着神圣与威严的象征，几乎贯穿了整个上古时代的文明史。是什么样的深远影响，使分散在地球各个角落的人们，共同记忆着一个充满无穷威力的仪式？起码在他们看来应该如此。因为最深刻的心理认同，就是对先辈的记忆，他们曾经的生存方式和意识状态被得以保存，这就是文化的传承。在不同的生存状态下，有可能表象与寓意会发生一定程度的改变，但是文化的框架依然会顽强地保持着，这就是远古文化给我们带来的持久诱惑，这一切到底是如何发生的呢？

古埃及石刻上的法老与蛇的图像

赞颂法老的石碑上的图像

古迦南地区女神亚舍拉（Asherah）双手持蛇的图像

苏美尔人泥板图像

苏美尔人陶钵上图像

印度婆罗门教石窟对蛇的祭祀

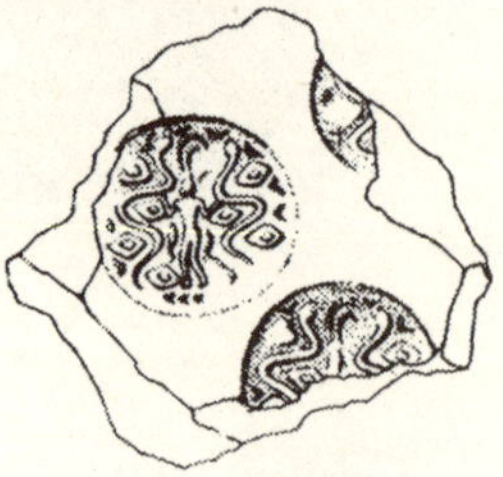

苏美尔人泥板图像

巴比伦图像

印第安人纹饰

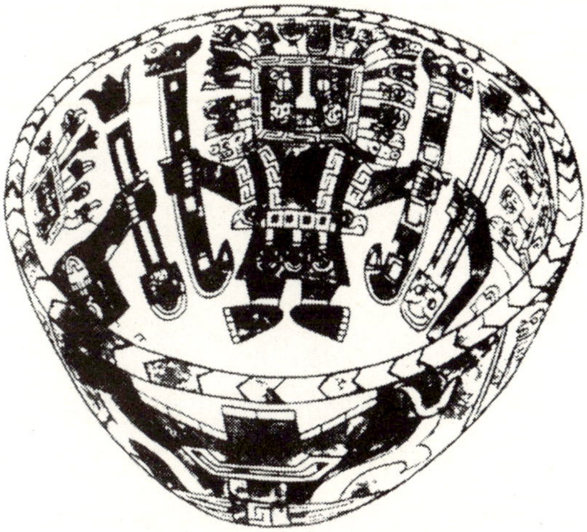

纳斯卡出土的蒂亚瓦纳科文化中的彩陶钵图像

纳斯卡出土的蒂亚瓦纳科的彩陶钵图像

蒂亚瓦纳科维拉科潘的雨神形象，双手持蛇，他也出现在著名的太阳门上

蒂亚瓦纳科遗址的维拉科潘双手持蛇置于胸前巨石像

原始柱饰

方式。这个时期距离语言和文字发明的时代还相当的遥远，所以，我们不可能找到更为明白无误的记载。也许情景是这样的，当原始人看到蛇在水流中游动，河道同蛇的形貌是一样的，而水又直接从天上来，以为蛇是通天的灵物，因为那上面有很多人可望而不可即的事情。其实唯一的方法，就是等待科技的进一步发展，从人类的DNA中去解读15万年前的故事。现在就根据合理的推测，再假设几种可能：

（一）在闪电、惊雷和大雨滂沱的情景下，整个原始人群深感惊恐。于是深感不安的首领被激发了创造的灵感，她看到水中游动的蛇，其形状类似在天空中窜动狂舞的闪电。她以自己的尊贵，抓起那条蛇，以为同样扭住了上天的闪电，因为这是闪电与它的吼声（雷鸣）带来天上的大水，她的内心深处祈求于这种形式的佑护。

（二）一道像蛇游走的闪电击中了坐于树下的女首领。当她苏醒之后，骤然有了羞耻感，于是教育群落中的人们懂得遮蔽羞处。不曾想这个做法为人们带来更多的繁殖，人们由此认识到有一种超越自然现象的神力帮助了他们。于是每当难产或是其他重大的事由，作为首领的她，都会手攥着蛇向上天祷告。

（三）看到穿透云层的阳光射下来和龙卷风的刮起，产生异样的感受，认为天上同样有一种蛇一样的东西，人群被她带领，见到最渴望的水源与食物——蛇。她把它举起，向天空中曾经出现

原始柱饰

的异象致敬。

（四）他们捕到蛇，于是想得到更多的食物，才能在这个采摘狩猎的时代吃饱，因为此时他们最担心的就是食物。人们捉到两条蛇，她兴奋地把两条蛇同时提起。这就成为祭祀的最初形式。

玛雅人祭祀中出现的蛇的幻象

在“夏娃”的伟大猜想中，还会设想出很多种偶然的缘由，必然的是它只会出现在“夏娃”的身上。对蛇的印象也深深地印入她的意识深层，这个文化精神的独特烙印融入基因，一并传递下去。因为她自身独特身世决定了将把基因传给后世的子孙们，连同她创造性地发明祭祀的方法，在一代代的部落人群中流传着。人文历史仍有很多的原始现象在标明着这个方向，例如澳大利亚北部阿纳姆地土著人的神话说，世界是蛇形母神艾因加纳创造的；北美惠乔尔人崇拜的大女神纳卡维就被认为周身围绕着许多蛇，被称作“我们的大祖母”，她给这个世界带来了生命；中美洲阿兹特克人的女神奇克特尔同样是蛇形，为地母与生育之神。

其实，生命的形态远远没有我们想象的这般简单，何况还要向更高的层级发展，真不知道有怎样复杂的生物化学成分和生物演化机制在起作用。一个物种能得到延续，在物竞天择严酷的大自然面前，已经穷其所能了。像非洲的角马，为

非洲角马群穿越辽阔的草原

了得到种群的优质传承，保证最好的基因得到延续，每年都要进行一次二百万头角马的上千公里的大规模迁徙，途中经历各种掠食者的侵袭、险峻地势和激流泥塘的阻碍。这是谁的召唤，将散落在莽莽大草原的小群角马聚拢在一起，我们只有到它们的基因中去寻找自然的法则。

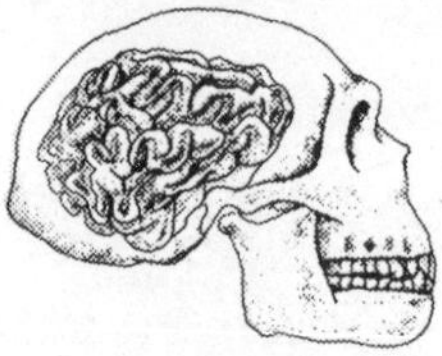

猿人脑容量

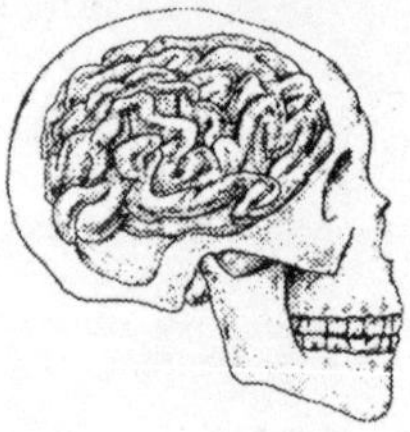

人的脑容量

人类是在哪一个时间点上，脑袋突然被扩容了，又是在哪一个时间点上，赋予蛇这种生物以文化的意义，它们之间的时间点能建立起必然的联系吗？如果说能确立两者之间的关系，在脑容量急速扩展期所发生的有关文化精神的初建，极有可能这个问题需要人类学家更为详尽地研究了。向世界提出问题，这是哲学的本质。这里只是用假设的方式开始，继续我们对人类文化思考的话题，并做出更为广泛深入的探讨。

来自对上帝本原的最初记忆

上帝是谁？看起来这是一个很滑稽的问题，实际上这是一个很重

〔荷〕伦勃朗·哈尔曼松·凡·莱因《亚当与夏娃》

要的质疑。上帝是真实存在的，《圣经·旧约》的《创世记》中写得很明白，神说："我们要照着我们的形象，按着我们的样式造人。"实际的情况是，人说："我们要照着我们的形象，按着我们的样式造神。"

人类在"夏娃"之后15万年的时间里，行迹散布到大地上，精神世界也就这样以神的名义展开。

研究者得出的结论很对，《圣经·旧约》是一部杂糅着上古传下来的零散信息、神话、传说和后世历史的混合体，人们会

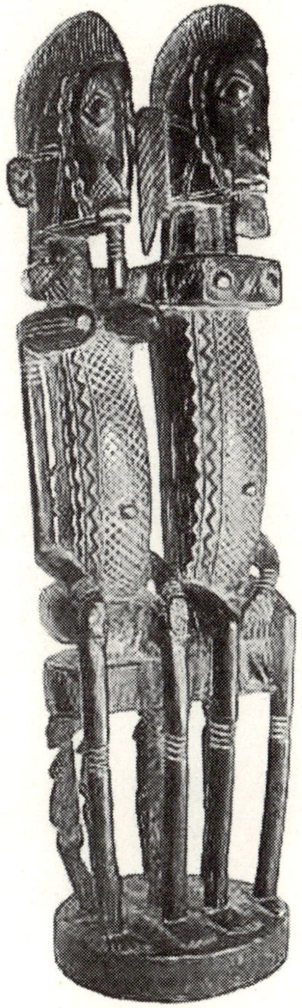

非洲多贡人雕刻的他们的祖先像，男人和女人身上有着明显的性区别，并饰有折纹的线条，这是蛇形象的象征

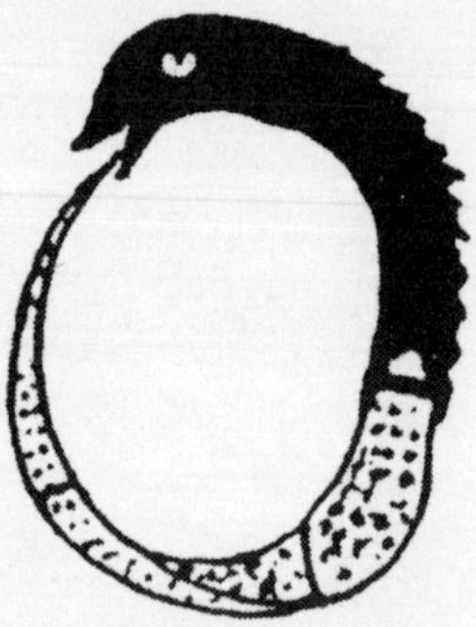

美洲印第安人的图像

从里面检索出需要的部分。是谁记住了“夏娃”的相关事迹，并将它流传了下来？会是人脑潜意识中被某种机制释放出来的吗？偶然唤醒了在基因中保存的信息源，还是就来自人们的口耳相传。竟在十几万年的时间里，保留着对最初文化基因的记忆，我们现在很难说清楚。总之，人类的确在广泛的范围里，保留着对久远事迹的一些记忆，对人类与蛇之间的关系，就是一个例证，尽管这个事情在不断地演化，以适应着不同时代的理解与定义。

《创世记》讲到用尘土创造了男人，又用男人身上的肋骨造了一个女人，夫妻二人赤身露体，并不感到羞耻，这是蒙昧未开的状态。此时出现了蛇，蛇对女人说：“神岂是真说不许你们吃园中所有树上的果子吗？”原文转载如下：

女人对蛇说：“园中树上的果子，我们可以吃，唯有园当中那棵树上的果子，神曾说：‘你们不可吃，也不可摸，免得你们死。’”

蛇对女人说：“你们不一定死，因为神知道，你们吃了果子眼睛就明亮了，你们便如神能知道善恶。”

于是，女人见那棵树的果子好作食物，也悦人的眼目，且是可喜爱的，能使人有智慧，就摘下果子来吃了；又给她丈夫，她丈夫也吃了。

他们二人的眼睛就明亮了，才知道自己是赤身露体，便拿无花果树的叶子，为自己编做裙子。

……

神对女人说：“你做的是什么事呢？”女人说：“那蛇引诱我，我就吃了。”

神对蛇说：“你既做了这事，就必受诅咒，比一切的牲畜野兽更甚；你必用肚子行走，终身吃土。”

从引文中我们可以了解到，蛇是一个令人生厌的家伙，但是夏娃并不讨厌它。回过头看看，蛇也是上帝造的，并且还放置在自己的伊甸园中，此处不禁要问，这所有的一切都是造物主安排的吗？

在《圣经》中，不难看出上帝是以蛇的名义使人类精神开蒙，跨入文明历程的。是宗教经典的编辑者有意曲解原意，还是在历代的传说中被误读了，但是最本质的东西还是被保留了下来。概括这一段叙事情节的关键词汇后，得到如下单词："夏娃（女人）""蛇（媒介）""果子（结果）"和"上帝（意志）"。

还要提到蛇在上帝的花园中时是具有飞翔能力的，这一点很重要。飞翔的能力，在古代象征的是不可企及的神奇功能，归为一种精神的力量。重新组合这个故事的结构，应该说较之《创世记》中的叙述更有合理性。这就是：

人类第一个女人与神奇的蛇完成了上天意志所给予的结果。

这个经过形式逻辑修复之后的事情，我们今天读来是这样的自然而然，然而在远古时代，形式逻辑有待建立之时发生的事件，人们的意会形式应该是呈现混乱的状态。远古先民的生活在历经了后来漫长的形式逻辑规律的完善之后，当初的事实依然顽强地保持着最初的基本元素和风貌，可见它对当时人的生活有着多么至关重要的作用。

蛇头上有象征飞行的翅膀

还是回到历史演化之中。当原始人类从古人进化为新人的时期，便脱离了原始群居的乱婚状态，进入血族群婚的阶段，这就产生了初期的母系氏族社会。无论是在亚洲、欧洲，还是在非洲、美洲、大洋洲，在远古时代几乎都曾出现过这种社会制度。某个氏族在其形成的过程中，往往采用一种和它最有利害关系的自然物作为本氏族的名称或标志。在原始部落中，以蛇作为图腾的氏族也很普遍，或者说在一切动物崇拜里面，对蛇的崇拜是最广泛的，在大多数原始氏族的宗教信仰中，蛇曾经占据着十分突出的地位。这个现象是在印证我们的推测吗？

在中国的上古神话传说中，人类的始祖伏羲女娲，就是杂糅了上帝意志与蛇形象的半人半蛇的复合图像，其实“上帝意志”就是人的意识。

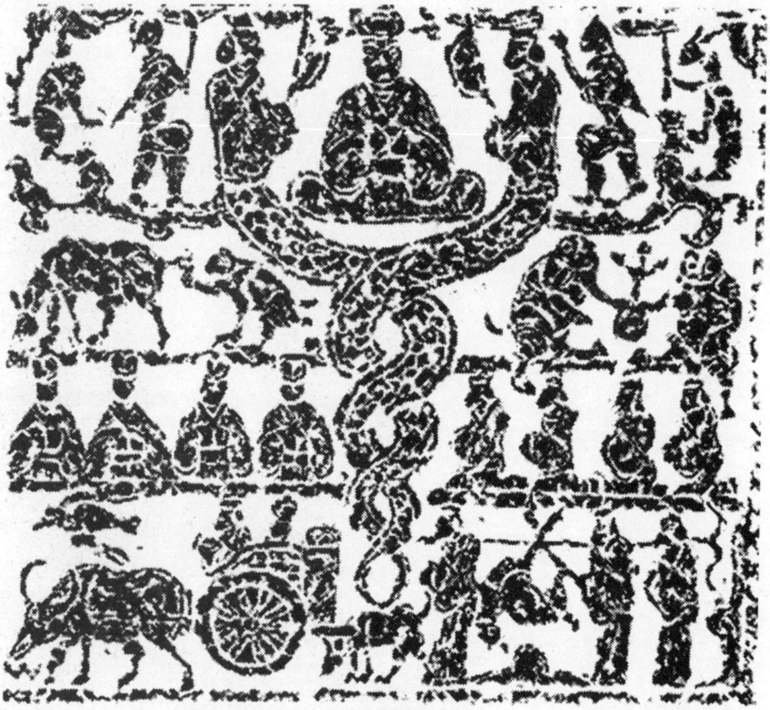

汉代画像石中表现伏羲女娲交尾的场面，从画面结构来看，有关他们的观念，已经深入到社会的各个层面

在印度，有由来已久的崇蛇传统，眼镜蛇受到人们的狂热崇拜，这说明蛇在当地人们心目中地位之高。

被装扮成印度教中的克利须那神模样的男孩在节日庆祝的队伍中

大洋洲原始部落中的华伦姆格人，在举行古老的蛇图腾崇拜仪式时，用颜料涂抹身体，并且装扮成蛇的形象。模仿蛇的样子扭动身体舞蹈的同时，还歌唱赞美蛇的功绩与能力，祈求蛇神的护佑。

在非洲的马达加斯加岛上，土著的萨克拉瓦族人，就把蛇看作是具有神秘力量的动物，认为人是蛇的化身，对蛇非常崇敬。在北非阿尔及利亚，奉水蛇为家庭的保护者，被尊贵地供养起来。在西非的很多原始宗教里，蛇也被认为是一种神圣的动物。被称为艾度斐度的神就是一条咬着自己尾巴的大蛇。衔尾蛇的标志还见于非洲风俗及达荷美族的圣像，成为当地信仰中彩虹蛇的具体形象。非洲还有些土著居民用蛇皮镶在盾上，认为这样就会得到蛇的神力保护。

这是一幅临摹的古代玛雅人的壁画，头戴羽蛇装饰的玛雅王在祭祀，他在传达羽蛇神的神谕吗？

北美土著因纽特人，有在身上黥刻蛇形斑纹的习俗，他们的骨质雕刻品上也常见蛇的菱形图案。

印第安人膜拜美洲沙漠

里的响尾蛇，蛇被视为神的化身而受尊崇。中美洲地区的玛雅人、阿兹特克人，或者说消失的特奥蒂瓦坎人等印第安族群所信奉的羽蛇神，字义为“长着羽翼的蛇”，都是远古先民流传下来的相当重要的神明。

在一些印第安人部落中，还流传着关于维拉科查的神话。据说维拉科查是世间万物的创造者，这个人物与太阳神和羽蛇神已经叠印在了一起，也就是说他就是印加人的“上帝”，他非常谦和，从来不以高高在上的创造者自居，更不会藐视人类。以致当1553年西班牙侵略者登陆美洲时，印加人还以为是印加创世神——维拉科查重返地球呢！下面要讲述的故事，在欧洲人没有登陆美洲之前就已经流传着。

维拉科查知道有位叫澳伊拉的美丽姑娘，连天上的很多神都喜欢她，但是她高傲而矜持。这天澳伊拉正坐在鲁克玛树下乘凉，维拉科查变成一只美丽的小鸟，落在女孩头顶的树枝上。他用自己的精液变成一颗鲜亮而熟透的果实，掉落在她的怀中。于是她就把它吃了，并因此而受孕了，十月怀胎生下一个男孩。

她把这个孩子抚育了一年多，还不知道孩子的父亲是谁。澳伊拉祈求众神来帮助自己，让她了解孩子的父亲是谁，于是众神光彩夺目地出现在澳伊拉的面前。她说自己的身子是贞洁的，可是却突然怀孕了，希望诸神能帮助自己弄清孩子的父亲是谁……

印第安人陶器，上面雕塑的形象，是再现他们古老的神话吗？

维拉科查把自己装扮成穷人的模样，澳伊

拉不相信孩子的父亲就是这个人，她感到耻辱，向海边跑去。维拉科查瞬间变幻出金色衣裳，还放射着万道光芒，并着急地去追赶自己喜欢的澳伊拉。

萨波特克的13蛇女神，她的盘头寓意蛇形

最后，维拉科查追到了大海边，澳伊拉和儿子已经变成了石头。他悲伤地在海边徘徊时，看到两个美丽的少女被一条大蛇困在孤高的岩石上。她们都是海神巴恰卡玛的女儿，维拉科查想把她们从大蛇那里救出来。他想了一个办法让大蛇扭过身去，顺利地将一个女孩抱了出来；当他准备再去救另一个女孩时，她却变成一只白鸽飞走了，从此印第安人把少女称为乌艾米，在印第安语中就是鸽子的意思。

这个印第安人的神话传说，尽管加进了与各种动物的对话，表明印第安人的风俗仪式仍带有很多最初原始叙事的痕迹。如维拉科查追到了大海边，看到澳伊拉和儿子已经变成了石头一事，在原始先民的心中，石头象征过去已经成为事实的东西，不可更改。维拉科查面对海边石头这一刻，显出他既是那个祖先事迹的还原者，又是后世文化的创造者这个事实。关于形式逻辑的不矛盾律在远古先民的心中还没有显出思维的障碍，也更带着原始性的图景。另外，维拉科查又看到两个少女被一条蛇困在岩石上，他在没有伤及蛇的情况下，救下了一名女孩。这里再一次重复了神明、女人和蛇的关系。

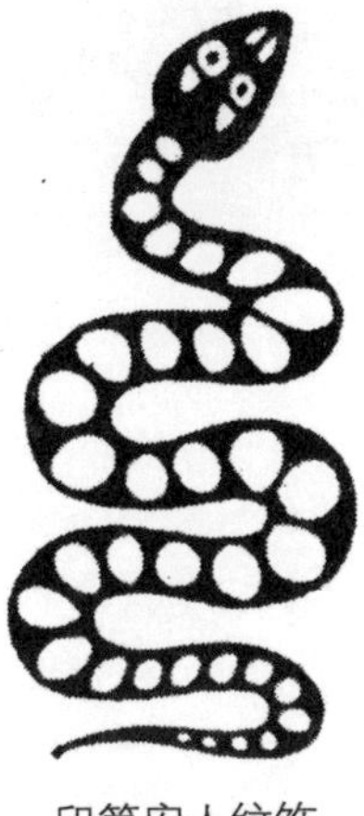
印第安人纹饰

还有两点需要提一下，澳伊拉和儿子的故事是海那边过来的关于文明初开的事情，维拉科查与女孩、蛇的纠葛是这边陆地上文明初开的事情。他们同时出现在海边，这两个女孩还是海神的女儿，暗喻她们是渡海而来，另一个女孩化为鸽子，是指回归到原来的意思，其中所蕴含的意义很难解释得清楚。我们再来看看这个故事的基本要素："澳伊拉(女人)""蛇(媒介)""果子(结果)"和"维拉科查(意志)"。故事的本质与《圣经》中夏娃、蛇与上帝何其相似。

虽然古代社会不断地发生剧烈变化，但是图腾崇拜的影响仍然延续了下来，尤其是蛇崇拜的风俗在许多民族中仍旧相当普遍。

经过时间的模糊与整合，人类把上帝的意志和媒介（蛇）糅合到了一起，这是羽蛇神祭祀的缘起吗？

模糊了的观念和实际选择

人类远古的"上帝"经过时间的模糊与整合，往往把上帝的意志和媒介（蛇）糅合到了一起，这种结合的形象就成了人首蛇身的怪模样，对于远古先民的思想意识而言，它是更为切合意识的一种形态，因为在这个思维的层面上，原始认知必须使"意志"或"媒介"这样形而上的思考找到现实的依托物。上帝是什么样的，谁也说不清，于是上帝按照自己的模样造了人的解释就是最顺理成章的教条。

印第安人统治美洲的时期，羽蛇神成为各个时期印第安人上帝的象征，在他们的精神文化中具有十分强大的凝聚力。每个部落都有属于自己的图腾，经研究者考察，三百多个印第安人部族，虽然只有七个是以蛇为图腾的，历史也确实证明了这个图腾的势力强大。下面这则印第安人的民间传说，不知道出自一个什么样的部族，也很难对诞生的具体文化背景进行考证，但是仍可以从神话故事本身，读出其背后的精神意蕴。

很久以前，在一个部落里有一对夫妻有一个女儿，她在外面遇见了一个少年，于是他们常常在密林里约会。他好像满身都是脚，而且能贴着地面跑，还可以把身体拉得很长。原来他是一个蛇神，她爱着自己的恋人。

女孩怀了他的孩子，如果家人和部落里的人知道了，一定会十分恼怒。所以他们商量必须把家安置在一个隐秘的地方。蛇神对姑娘说："我住的地方有许多禁忌，所以最好到姑娘家里来。我不能随便出现在其他人的面前，你在家的磨房边挖一个洞，然后在里面放一些草，这样我就可以住进去了。"

天黑的时候他俩一起来到姑娘家的磨房，蛇神就钻进洞里休息去了。没过多久，姑娘对自己的家人撒了个谎，也搬到了磨坊里。姑娘在磨玉米的时候，总是把一些玉米面偷撒到洞里面，而且她在出门以前，还要用一块牛皮把洞口蒙好。她的家人很快就发现她怀孕了，于是没完没了地盘问孩子的父亲是谁，姑娘就是不答话。

很快，姑娘分娩的日子就要到了，姑娘的家人整天守在她身边，蛇神很担心自己的情人，却无法和她会面，而且躲藏在这里又没有吃的，他只好到野外的洞里去住。蛇神就重新找其他姑娘，心灵得到精血滋养，他感觉自己比以前更有力气。

她的家人一直想弄明白谁是这个孩子的父亲，于是就带着一束古柯叶找到了部落的巫师。巫师通过古柯叶发现了问题，就对来人说："你们回去到磨房的墙角找找看。"巫师说孩子的父亲是位小蛇神。巫师想了想对他们说："小蛇神的神力现在还不高，所以把他弄死并不难。你们只要喊一群人来，拿上铲子和大木棍，在那个洞里把他打

印第安人陶器上的羽蛇神

死就行了。”姑娘的家人回去之后就开始准备，他们想办法支走了自己的女儿，大家拿着主人分发的古柯叶先进行祈祷。祷告完毕后，众人就掀开姑娘的铺盖，那底下确实有一个很大的洞，里面躲着一条长着人脑袋的蛇。人们一拥而上，用手上的棍子和铲子把蛇神剁成了几节，并且把他的头割下扔到很远的地方，与身体分离开。姑娘回来看见洞里满是血，就知道蛇神被杀死了，于是不停地嚎哭，并在哭喊声中生下了一窝带着美丽羽毛的小蛇，它们很快就飞走了。

现在依照对原始先民文化及心理的认识，来对这个看似荒诞离奇的故事分层梳理一番。

第一层意思，一个女孩与一个外族的（蛇图腾）男子相好。

第二层意思，所谓“带着一束古柯叶找到了部落的巫师”“巫师说他是位小蛇神”是指外来图腾的影响力，并在巫师的指导下，去消灭它。

第三层意思，所谓“她怀有了他的孩子，如果家人和部落里的人知道了，一定会十分恼怒……”表明要固守本部落的传统。“蛇神对姑娘说：‘我住的地方有许多禁忌，所以最好到姑娘家里来……’”“我住的地方有许多禁忌”暗示那个部落力量更为强大。

第四层意思，对着经过巫师施了法术的古柯叶祈祷，铲除了“长着人脑袋的蛇”，都是指明对来自另一个部族图腾精神的排斥，例如：“把他的头割下扔到很远的地方，与身体分离开。”

第五层意思，人们模糊了对文化初始的印象，将图腾血亲和上帝的意志的象征（蛇）相混淆，这也是很容易混乱的情况。“生下了一窝带着美丽羽毛的小蛇，它们很快就飞走了”，将蛇图腾的部族理解为羽蛇神（意志）的血缘，也没有毁坏羽蛇神的意思，最后“很快就飞走了”。神话中表明那个蛇图腾的外来部族没有在这个不知名图腾（或许是古柯叶）的部落中生根。

简言之，一方面是人们对久远历史的记忆出现了偏差，另一方面是因为部族间的兼并愈演愈烈，面临实际的问题，部族的权利高于一切，在巫师的指导下，坚守本部族的信条才能将本部族文化的纯洁性继承下去。从“蛇神就重新找其他姑娘，心灵得到精血滋养，他感觉自己比以前更有力气”等情节中，还可以分析出当时的情况下还残留着走婚的现象，也再次证明这是一个原始社会形态下的故事。

世界范围里的原始文化精神的图像，都会随人们的生活现实，经历一个演化的过程(背景链接二)。

中国文化中的龙形象，可以说它是蛇的神化，或者说是在蛇形

玛雅雕刻上人物的身份并不清楚，但是右边人物不动声色地招呼右下侧的一条蛇，这个情节包含了什么？

蛇在欧洲文化中已经成为各种解读的通用符号

在希腊神话中人首蛇身的拉弥亚，上半身是美丽的女人，下半身为蛇身。传说她原本是利比亚一位美丽的女王，宙斯爱上了她。赫拉得知后十分嫉妒，杀死了拉弥亚的所有子女。痛苦的拉弥亚开始了疯狂的报复。拉弥亚在传说中就是典型的女吸血鬼，美丽又残忍的女子，杀起人来毫不留情，吸干被害人的血液，一滴都不剩。在希腊文化区域，凡有男人失踪了，就认为是拉弥亚将他拉走了。诗人约翰·济慈的《无情的妖女》中描写的就有拉弥亚的影子：

……

我在草坪上遇见了一个妖女，美似天仙。
她轻捷、长发，而眼里野性的光芒闪闪。

我给她编织过花冠、
芬芳的腰带和手镯，
她柔声地轻轻叹息，
仿佛是真心爱我。

我带她骑在骏马上，
她把脸儿侧对着我，
我整日什么都不顾，
只听她的妖女之歌。

她给我采来美味的草根、
野蜜、甘露和仙果，
她用了一篇奇异的话，
说她是真心爱我。

她带我到了她的山洞，
又是落泪，又是悲叹，
我在那儿四次吻着，
她野性的、野性的眼。

我被她迷得睡着了，
啊，做了个惊心的噩梦，
我看见国王和王子，
也在那妖女的洞中。

还有无数的骑士，
都苍白得像是骷髅；
他们叫道：无情的妖女
已把你作了俘囚！
……

在济慈的诗作《拉弥亚》中，他将拉弥亚描写为渴望爱情，然而命运捉弄，她却成了得不到爱的女子：

……
她感到狂喜，抬起她蛊惑的头颅，
蔷薇般羞红，口齿不清地倾诉：
我原是女人，请让我再次得到
女人的身形，跟过去一样窈窕。
我爱上一个科林斯少年——好福气！
给我以女身，把我带到他那里。
那身半收拢翅膀沉静地往下靠，
她吹他的眼，他俩马上就见到
被守护的女神正在绿茵上含笑。
这不是梦幻，或者说，这是梦境，
诸神的梦是真实的，他们的欢欣
在一个永恒的长梦中，顺利度过。
他似在飞翔，在温暖、羞赧的一刻，
震惊于女神的美貌，他浑身是火；
……

在诗的意境中，拉弥亚爱上了英俊的科林斯的少年，后来幸好得到希腊神话中的信使神赫尔墨斯的帮助，给予了拉弥亚人的外表。就在他们举行婚礼的那一天，拉弥亚的身份却被哲人阿波罗尼看破。拉弥亚不得不逃走。这是改写自古希腊的故事，但是在主题演化中，诗人的视角改变了。

古希腊作家菲洛斯特拉托斯在他的著作《阿波罗尼奥斯传》中，讲述了一名叫迈尼普里修斯的青年哲学家，某日在桑契里亚和哥林斯之间的路上，邂逅一位举止颇有正派贵妇风范的女子。言谈之间，请青年到她哥林斯郊外的家里坐坐，她自言是出生在腓尼基的名门淑女，她有很好的歌喉，善于吟唱，她也储存有世人不曾见过的美酒，而美丽又可爱的她，甘愿与他共度人生。

这名年轻哲学家在自己的专长上稳重而克制。爱情的降临使他的激情汹涌澎湃，他们要结婚了。在来参加婚礼的宾客中，年轻人的老师阿波罗尼奥斯察觉到一些人们忽略的迹象，发现她是一个半人半蛇的女妖，而且她所有的东西只不过是一些幻象。当女子发觉自己被哲人看清本相时，便哭着要求阿波罗尼奥斯保持沉默。这位老师丝毫不为其情所动，一定要说破这件事。于是，房屋和房屋里面的一切，立时消失了。

这段讲述是在阐述一个哲学命题，哲学存在的一个主要功能，是如何来破解世界虚妄的表象。

从蛇图腾——妖魔化蛇——哲学“蛇”——爱情“蛇”，这中间有说不尽的话题。

象上又加入了许多其他动物元素之后的综合，最早《山海经》里记载的是“共工氏蛇身朱发”。远古流传下来的众帝之一太暤也是人头蛇身，一说是龙身。古籍《列子》中也记载有：“疱牺氏、女娲氏、神龙（农）氏、夏后氏，蛇身人面，牛首虎鼻。”中国文明的曙光期从一开始就带有很强的图像形式复合化的特征，从五千年前仰韶文化陶器上所绘蛇的图像，河南濮阳墓葬中出土的龙形图案，辽宁红山文化时期用石块堆积出的龙形图案，与C形龙的设计几乎有着天壤之别。由此来看，人类远古流传下来的关于蛇形象所赋予的含义，在华夏的土地上也早已模糊了最初的意蕴。

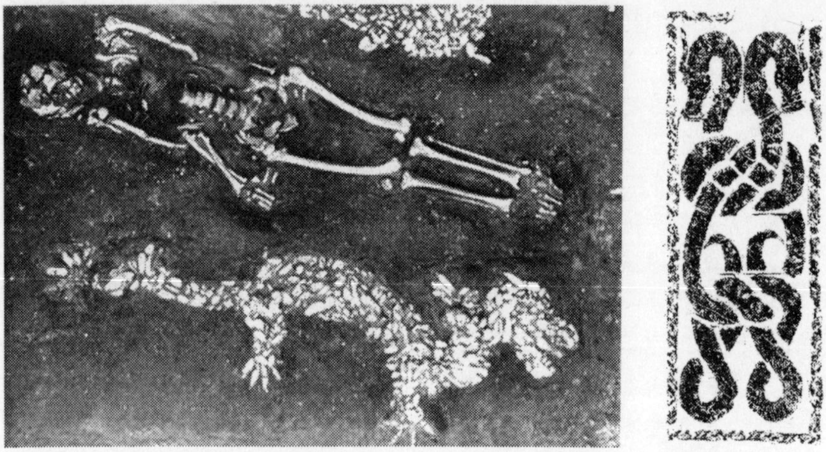

左图是濮阳史前墓葬中龙的形象。右图是汉代画像石中交龙的形象，不难看出在汉代图像上，加进了蛇的形象元素

这种头脑中久远的记忆与传承为什么会如此大范围地被演绎，原因可能极为复杂，考古资料显示大约四万到七万年间，这块土地上远古人类活动有一个空当期。或许是因为一方面我们的祖先迁徙来后以很快的速度繁衍子孙，人口密度相对较大，氏族部落间的交往与争斗促使了初期文化观念的更迭；另一方面适宜居住的自然环境的丰富性也为文化的早期形成注入更为多样性的元素，从本质上来说，中国文化过早地认识到人的自我本质，但是也依然保持着一些远古的习俗，如中国十二生

肖中就有蛇，也有一些关于蛇年、蛇生肖的禁忌。其中是否隐含着文化初萌时对蛇神圣的禁忌也未可知。

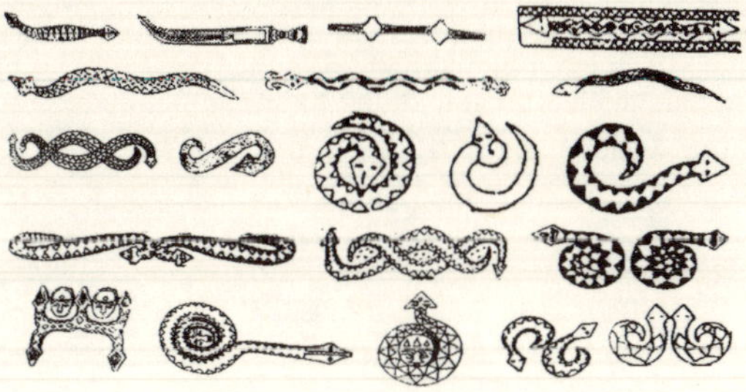

排湾族器具装饰上的蛇纹

在中国，基本没有形成完整的神话体系，这是一个文化发展的例外。它的过分早熟对于人们保持远古先民在潜意识中所积累的信息而言，是一个很大程度上的干扰与破坏。但是蛇这种令人天生恐惧的动物，**仍然被人们保留在自己的文化中**（**背景链接三**），中国台湾省的少数民族排湾族在刀鞘和食具上都刻有蛇的花纹。他们对一种叫作“龟壳花蛇”的毒蛇极为崇敬，甚至在房子里另辟绘制了蛇纹样的小室给它居住，它也倒安居如常。其实蛇类在不受威胁时，是不会主动发起攻击的。

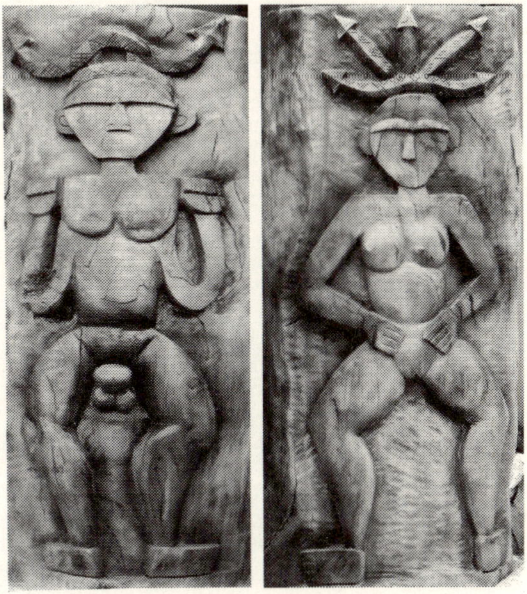

排湾族神话说山的绝顶上，太阳生下红、白二卵，由名叫保龙的灵蛇孵化出男女二神，即为排湾族酋长的祖先

人们在自己的刀鞘上或食具上刻有蛇的纹饰，更有祈求护佑的心理。非洲部落人在他们的盾牌上或身体上绘制蛇的抽象图案，都是相信这种方法有特殊魔力的表现。这种现象类似人类文明初萌时第一次祭祀的意思，是在寻求精神的强大寄托。

非洲神奇的多贡人居室门的两侧，也都雕塑有蛇的形象

一旦人们的感受逐渐形成固定的观念，进而成为约定俗成的习俗，往往倒忘记了它原本形成的最初原因，这就需要我们从混乱而庞杂的种种历史现象中寻找它的本来面貌，关于人类文化中蛇的不容忽视的作用亦是如此。

灵蛇，悠久文明的象征

导语

当一种观念不会成为我们精神的急需，就会被另一个说法所取代，然后再形成一个固定的观念。这后一种观念产生的外化自然物，也会取代赋予原来自然物上的意义，很自然地就会逐步转化罩在其上神圣光环的意味，这样的事情在人类历史上不止一次地发生过。远古先民所要构成的社会形态，并不是因为共同的自由意志而结合在一起的，他们的实用性是第一位的；第二位就是如何加强这种实用性，令这种使用中的实用性具有更广泛的影响力。围绕利益这一主题演化发展，无论是隐性或显性的，影响深远也就是必然的了，因此也成为后世更多观念意识的一个架构。然而它的逻辑形式不会出现本质的变化，如果去掉历史附加在其上的文化赘述，我们看到的还是最初展示的主干。

在中国的古籍中，记述文字被创造出来时“天雨粟，鬼夜哭”，这是多么印象深刻的场面。人类的文字被创造出来，现在看来，是不可能有这样奇异的天象与人世间的灵异事件的。为什么有这样的记载，就要从原始先民的自身精神状态里去寻找缘由了。在原始意识中，当一件影响生活的重大事情发生时，往往会围绕这件事情，将毫不相关的违反当时生活常理的事情与之连缀，以显示它被重视的程度。在形式逻辑尚不完善的上古时代，于是就有许多令我们错读的现象发生，成为不可理喻的怪诞呓语。古埃及人用神话来形容他们的宇宙观，太阳神在落日之后回归到原始的海洋里，其过程是回到一条巨蛇的肚子里，再经过12小时的旅行，来象征太阳在夜间行走的过程。

英国学者亚奇伯德·亨利·萨伊斯在他的《古巴比伦宗教十讲》

古埃及人绘制的太阳神黑夜中的行程

一书中谈到古埃及人民间的宗教信仰时，转述了如下文字：“18世纪上半叶，保罗·卢卡斯（Paul Lucas）告诉我们，在他生活的时代，舍科·赫里迪蛇神被称为‘天使’，据说就在他出发去尼罗河之前，它治愈了埃克闵（Ekhmim）一个瘫痪的女人。那个女人瘫痪了八年，别人把她抬到蛇神盘踞的地方，它游动到她的担架上，然后那个女人就痊愈了。保罗·卢卡斯本人也亲眼目睹了蛇神的神力：神龛的看守人从神龛那边把蛇神带到他面前，突然间，它消失了，哪儿也找不到，然后一位信差匆匆忙忙从神龛那里赶来，告诉他们‘天使’已经回到神龛那里照顾它的苦行僧人的身边。”

几年后，诺登（Norden）也遇到了类似的事情。埃及人告诉他，舍科·赫里迪蛇神可以长生不死，而且能治愈病痛，赐福于那些乞求帮助并献上祭品的信徒。它会亲自现身到需要帮助的人面前，那人的病痛就会自然痊愈。诺登补充道，当地的基督教徒同伊斯兰教徒一样承认舍科蛇神的神力，但他们将这一切解释为它是恶魔的化身。

从对舍科·赫里迪蛇神的描述来看，这种来自民间的宗教信仰，无疑延续着史前时期古埃及人灵蛇崇拜的传统。同时我们也看到不同宗教文化背景的人们对这一现象的完全不同的解释。

在印度婆罗门教的传说中，三大主神之一的毗湿奴躺在大蛇阿南塔盘绕如床的身上沉睡，在宇宙之海上漂浮。每当宇宙循环到了一个周期的开始，毗湿奴就一觉醒来，从他的肚脐里长出的一朵莲花中诞生的另一个主神梵天就开始创造世界，而在一“劫”之末，另一位主神湿婆就再一次毁灭世界。于是，就有了毗湿奴反复沉睡、苏醒、创造，宇宙不断循环轮回。从这简单的叙述中，蛇床漂浮在宇宙之海上，它亲历了神对世界的创造与毁灭。大蛇阿南塔在恢宏的世界创造神话中成了一个旁观者。它有更加崇高的地位，却被排除在文化的创造之外，这是一代代宗教家们对婆罗门这个原始宗教演绎发展的结果，但是仍可以确认灵蛇在文化中的重要意义。

毗湿奴躺在千蛇之王阿南塔的身上

在大约公元前3世纪的印度河文明遗址的考古发掘中，就发现数枚有灵蛇图像的印章。印章之一是牛头神的两边跪着两个人物，他们的背后立着两条蛇。印章之二是蛇站在一头牛的背后。印章之三是一条蛇用头罩着一棵树。从图像的内容推测，蛇已经被神格化了，成为庇佑人们生活的神祇。它是否与后世的那伽崇拜有关，尚不得知。

蛇王那伽（Naga）也是古代印度文明中一种被神化的蛇。最早可追溯到吠陀神话《梨俱吠陀全集》（Rig Veda）。后来传向中南半岛的广大地区，与当地的原始宗教融合为神异，成为一种主要信仰，它的图像在吴哥窟中有特别集中的表现。

我们从其他的原始资料里也可以看到许多对蛇灵异的相关记载，如在中国的文献中就有对巫师仪式的如下记载："巫咸国在女丑北，右手操青蛇，左手操赤蛇。在登葆山，群巫所从上下也。"（《山海经·海外西经》）其目的并没有过多记述，所做的一切应该是对业已形成的文化观念给予指点或护佑。

古籍《山海经》就有对广泛区域中人面蛇身神祇的记载，如：

“凡北山经之首，自单狐之山至于堤山，凡二十五山，五千四百九十里，其神皆人面蛇身。堤其山北人，皆生食不火之物。”（《山海经·北山经》）又如：“凡北次二经之首，自管涔之山至于敦题之山，凡十七山，五千六百九十里。其神皆蛇身人面。”（《山海经·北山经》）其中还涉及对他们祭祀的方法，这就更确切地表明，人将蛇放在如此崇高的地位，在上古时代有着十分特殊的连带关系。“人面蛇身”中的人面，应该是特指神的面孔，神或上帝的意志通过灵蛇的身躯传递给远古先民。

我们有理由推测远古先民的意识中，天空是有意志的，它通过闪电启示人们，就成了天上的众神驾驭了蛇，教导地上的人同样以驭蛇来沟通他们。在中国远古零散的神话中，各种神祇的手臂、两耳都盘绕着蛇，如疆良口里叼蛇，蓐收左耳有蛇，神于儿身缠两蛇，洞庭怪神头上顶蛇。就是黄帝的轩辕国也是：“轩辕之国……人面蛇身……”（《山海经·海外西经》），人面蛇身的图像就是氏族部落的图腾。

另外，《路史·后纪二》注引《归藏·启筮》曰：“共工人面蛇身朱发。”这就是说共工神赤发人面蛇身。其臣“相柳者，九首人面，蛇身而青”（《山海经·海外北经》）。共工与相柳如果是氏族联盟，“九首人面，蛇身而青”与“人面蛇身，朱发”就是不同的图腾徽记，教化万民统一华夏的黄帝，也是出于人面蛇身的轩辕之国，

苏美尔人泥板上的图像把天神描绘成上半身是人下半身是蛇的样子

蛇就是文化正统神灵的象征。这恐怕也是东方文化的一个共同特征。

巫咸国

《山海经·海外南经》："巴蛇食象……其为蛇青、黄、赤、黑。"

《山海经·海外东经》："雨师妾在其北。其为人黑，两手各操一蛇，左耳有青蛇，右耳有赤蛇。"

《山海经·海外北经》："夸父国在聂耳东，其为人大，右手操青蛇，左手操黄蛇。"

《山海经·海外北经》："北方禺强，人面鸟身，珥两青蛇，践两青蛇。"

《山海经·大荒北经》："赤水之北，有尾山，有神人面蛇身而赤，是谓烛龙。"

《山海经·大荒北经》："有儋耳之国，……人面鸟身，珥两青蛇，践两赤蛇，名曰禺强。"

《山海经·海内南经》中的窫窳传说曾经就是人面蛇身的天神

我们注意到古籍中简要的文字对蛇的描绘很是着意，而且十分明确地将它们的颜色标注出来，这是一个值得注意的问题，最简单说法是用颜色来表明不同的氏族部落。应该说蛇图像是相当清晰、简捷而有力的。尽管人与神明有着顺畅的沟通，但是在生死问题上，人类不能向前迈进一步。也有人试图窥探神明的这个奥秘，终归是功亏一篑，在这样重大的事情上，蛇依然扮演着自己的角色。

在苏美尔人的《吉尔迦美什》（Gilgamesh Epic）史诗里面，其中一段叙述提到英雄吉尔迦美什为了找寻长生不老的方法，智者阿拉哈西斯的指点给了他“诸神的秘密”，英雄在深海中得到了长生不老草，随即踏上归回故乡乌鲁克城的旅程。归途中吉尔迦美什在一处清凉水池中沐浴。史诗中讲道，此时蛇闻到那株长生不老草的香气，并且偷走了它。从此蛇每年都会脱皮一次而得到新生。谁又能知道蛇的到来，不是诸神安排的？而英雄吉尔迦美什追求长生不老的努力就此幻灭，伤心地号啕大哭。于是，人类也未能认识“诸神的秘密”。

苏美尔图像中吉尔迦美什得到长生不老草的情景，神的座位是一条蛇

蛇的图像在远古先民的意识里，几乎是可以解释神的意图的有力工具，这从许多资料中都可以感受到。原始图像显示巫师也是通过对蛇的不同掌握，使心灵接近神明，以此表明蛇图像的神秘远非我们今天所能想象。人类的现代生活，从直观的感受看，早已远离了对蛇的膜拜心理。蛇图像在古代人的意识中是不得不提到的事物。《圣经·旧约》中有一段记载希伯来人的文字：

他们从何珥山起行，往红海那条路走，要绕过以东地。百姓因这路难行，心中甚是烦躁，就怨恨神和摩西说：“你们为什么把我们从埃及领出来，使我们死在旷野呢？这里没有粮，没有水，我们的心厌恶这淡薄的食物。”于是，耶和华使火蛇进入百姓中间，蛇就咬他

〔德〕 彼得·保罗·鲁本斯《无耻的巨蛇》

们，以色列人死了许多。百姓到摩西那里说：“我们怨恨耶和华和你，有罪了，求你祷告耶和华，叫这些蛇离开我们。”于是，摩西为百姓祷告。耶和华对摩西说：“你制造一条铜蛇，挂在杆子上，凡被咬的，一望这蛇，就必得活。”摩西便制造一条铜蛇，挂在杆子上，凡被蛇咬的，一望这铜蛇，就活了。

尽管这段文字经过了宗教家们的修饰，我们仍可以读出蛇的形象是沟通人神之间的媒介，也就是说并不在乎它是不是一条蛇，蛇的形象在此处规定为神的媒介物。所以，蛇的图像在精神层面的明显象征意义是敬畏、崇高、正统，在先民的文化心理上落下了难以磨灭的印象。

有关蛇风俗中的性意识

关于蛇图像中隐含着人类的性意识，这方面有着相当广泛的文化遗存。在日本神话中，蛇的形象经常出现，作为巫蛇祭祀者的女性地位最高，这表明女性与蛇有着十分特殊的关系。印度古书《五卷书》中有一篇题为《与蛇结婚的少女》，有个女孩子与蛇结婚，之后他们竟成了真正的夫妻，这则故事应该是一个极为古老传说的翻版。蛇既是死亡的象征，又象征生殖。印度古代有蛇祭的习俗，史诗《摩诃婆罗多》对这种习俗就有一些记载。在蛇祭仪式上，就常常有女性讲述与性爱联系在一起的有关蛇的故事。

中国古代第一部编年史著作《左传》中说是伏羲规定了“嫁娶之礼”，我们知道伏羲氏人首蛇身。《绎史》卷三引《风俗通》曰：“女娲祷神祠祈而为女媒，因置婚姻。”女娲同样为人首蛇身，他们同为蛇身的夫妻关系，就更为明显地以交尾的形式绘入图画，成为蛇与性意识最直白的证据。这个现象也反映了远古先民关于蛇崇拜的一个直接诉求。在汉代画像石上，就刻画着伏羲女娲和赤身裸体的高禖神抱在一起的图像，高禖神是中国古代传说中主司婚姻的神灵。简单地从繁衍的角度看，伏羲女娲的形象被认为是人类始祖，发展为“而为女媒，因置婚姻”，到定“嫁娶之礼”，再到高禖神出现的不同说法，可以印证人类从史前交合到对偶、婚姻制

汉画像石中蛇的身躯缠绕在高禖神的身上

这幅汉画表现了人们日常生活情景，画幅的上面有伏羲女娲交尾的场面，居中而坐的是高禖神，可见蛇的影像在古代人的生活中所处的崇高位置

古代印度雕刻中的那伽女

度的确立、一直到完善的主管婚姻官的出现这个历程。始祖夫妇的形象一直拖着他们的蛇尾巴。

那伽在印度神话传说中是半人半蛇的样子，上半身是人的形貌，下半身是蛇的身体，同时那伽可以化为完整的人形。它在印度文化中有着很高的地位，古代印度次大陆上不少氏族部落和王朝都称他们是那伽女与其祖先结合所生，其图像的构成与中国自古以来流传的伏羲女娲的形象如出一辙，在事迹行为上又有着很大的不同。

那伽有男女不同，它们不是圣人，应该是精灵一类。那伽女历来是妩媚动人与智慧的化身，并且还带着一种狡黠的性质，充盈着女性的魅力。那伽女的主题更代表性爱的快乐，有死亡与残忍相伴，同时表现了动物本能与人类在性欲方面的非理性特征，可以说那伽意象的塑造与蛇崇拜直接相关，是早期人类精神与心理被自然环境挟持下，不断丰富完善的一个文化形象。

随着印度教向东流传，那伽这一略显特别的形象，在中南半岛的柬埔寨地区也有了广泛的影响。中国元朝周达观的《真腊风土记》对此有所记载：“其内中金塔（即披梅那卡寺——笔者注），国主夜则卧其下，土人皆谓塔之中有九头蛇精，乃一国之土地主也。系女身，每夜则见，国王则先与之同寝交媾，虽其妻亦不敢入。二鼓乃出，方可与妻妾同睡。若此精一夜不见，则番王死期至矣。若番王一夜不往，则必或灾祸。”后来的柬埔寨人不但将蛇王那伽视为他们的保护神、水神和土地神，还认为是他们的女始祖，他们都是那伽的后人。

古代印度石窟中的两个那伽女蛇尾缠绕在一起的雕刻

柬埔寨古代高棉时代石刻中的那伽王

印度卡那塔克邦贝鲁尔的蛇神那伽的祭坛

印度膜拜蛇的风俗

古碑铭记载婆罗门教徒憍陈如从德罗纳的儿子阿湿婆茶摩那里得到一支神枪，他将神枪投掷出去，神枪落地之处，就是他未来国都所在的地方。然后他娶了那伽王之女，成了扶南国王，扶南人从印度神话中衍生出了那伽是他们王朝起源的神圣象征。真腊国也采纳了扶南建国的传说作为他们的官方神话，于是，那伽的主题就成了宫廷装饰艺术的主体风格。真腊的吴哥王朝时期，那伽女与国王的密切关系，至今吴哥窟中仍存在有大量相关遗迹，就是披梅那卡寺。这座寺院在皇城中王宫的西边，传说是国王和那伽女的寝宫。

与皇家有关的宗教神话传说涉及性问题，民间也有不同的传说存在。生活在印度西南部的喀拉拉邦人的崇拜蛇风俗，来自久远的古代，认为蛇有灵性，许多印度教徒的家门前都有小池塘和一片小树林，人们会在树林里用石头砌一座供奉蛇的小寺，当地人称之为“基德尔古德”，其中就有石雕的蛇神像。在当地一个茂密的森林里，还有一座非常有名的蛇庙，在它周围立着许多蛇神像。每到星期日的早晨，就会有大量信徒来到这里祈祷，傍晚也会有沐浴后的青年男女来这里祈祷心愿。不时还会有年轻夫妇弹奏维拉琴，坐在庙前唱赞颂蛇神庙的歌曲。在当地，人们认为蛇可以使无儿无女的人生育，因此那些渴望养育儿女的夫妇，便虔诚地向蛇神献青铜做的器皿，并把自己的名字刻在上面，期待着蛇神的恩赐。如果日后真的生了儿女，他们就会来还愿，用献上的青铜器熬制牛奶粥涂抹在蛇神的身上。另外，在摩纳尔夏拉地区也有非常著名的蛇神庙，每年都会有众多信徒来祭拜，祈望得到蛇神的护佑。蛇的图像成为一种人生的寄托，本质上说就是对性能力的渴求。

彝族盘头最初是源于什么原因呢?

凉山彝族模仿蛇形的物品

人类的这一最基本的生物性需求，也是物种延续的本质特性，在所创造的精神文化中有着根深蒂固的影响。世代生活在中国云南楚雄哀牢山中的彝族人，仍然完整地保存着蛇崇拜的习俗。彝族男女十四五岁就开始交往，一旦确定男女关系，就由双方长辈主持订婚仪式。之后姑娘家要携祭品上山，先卜卦选棵小树献祭，然后削去树枝，截下一段树干刻成蛇形，再用黑、黄、蓝等彩线缠绕蛇身9圈，蛇脖颈用红线缠7圈后用黑布包裹好。姑娘未嫁前木蛇放置在姑娘枕头下。出嫁时木蛇是娘家最重要的陪嫁物之一。男方家献祭祖先后，请一位已婚且生育有子女的妇女打开木箱取出木蛇，祈求蛇神保佑新婚夫妇夫妻恩爱子孙兴旺，

山东微山两城镇的汉代祠堂石刻，图中表现的是西王母坐在由伏羲女娲和两只神鸟交尾编织的床上，这是对久远传说的追忆吗？

然后将木蛇放置于新婚夫妇枕下。他们认为蛇神已赐给了第一个孩子，以后就能生孩子了。

在中国四川巴县有一个传说流传至今。有一雷姓人家，他们家的神龛上，供奉着一张大蛇的像。传说这家人的老祖宗就是一条蛇，当年这位老祖宗只去附近的山洞里洗澡，从不在家里沐浴。他的妻子出于好奇，跟踪至山洞里发现了他现出蛇身的秘密，不久他患病而死。妻子也在此后一病不起，临终前嘱咐子女画幅蛇像供养起来。虔诚敬奉"蛇祖"就一代代地传下来了。

蛇这种生物如此深地介入到人类的生殖繁衍中，几乎在世界各地都有传说在流传，演化出千奇百怪的习俗与传说，不得不令我们备感好奇，它的图像会在人类的普遍心理上，烙下何等深刻的记忆？在人们的文化基因的深层又是在延续多么久远的记忆？蛇与人类的祖先、繁衍生殖和文化兴盛有关，一定有一些客观因素在起作用。

大约1万年前的冰河末期，气候转暖冰川融化，水流泛滥四溢，土地也大量地裸露出来，物种显出生机，人类的活动也随之活跃起来。从冬眠中苏醒过来的蛇应该是人类接触最多的生物了，因为远古人类与蛇都适宜在温暖湿润的地带活动。蛇的大量出现会给先民以错觉，认为蛇具有超强的繁殖力，其实有很大一部分是从冬眠中醒来。蛇是冷血冬眠的动物，春暖花开正是寻偶的时节，于是人们见到的多是在交尾状态的蛇。从感官的直觉来看，一窝蛇确实有数不清的印象。也就是这个1万年前后的时间节点上，人类新石器时期的初期，精神文化在多方面的发展开始逐渐成形，蛇这个自然物，作为人类最基本的精神图腾——繁衍，一开始就获得了一个至关重要的崇高位置。

从人类母亲第一次因为“祭祀”的欲念举起蛇，到蛇成为人类崇敬的圣物，在这久远漫长的时间里，人类潜意识中是如何对蛇图像进行处理的，我们不得而知，但是人类由巫术到科学的进程中，有许多东西正等待着人们的解析。

成熟文明形态中蛇的最初位置

在古埃及完整的神话体系中，宇宙起源时诸神以蛇的形体生活在原始汪洋里，是所有存在的最初状态。同为古埃及的神话，另一种体系认为蛇是“大地之子”，具有原初生命的创造力。古埃及人常用环绕宇宙的蛇形作为原初之蛇的象征：宇宙是由两条大蛇控制的，一条是正义的象征，而另一条则是邪恶的化身，而它们互相争斗便

古埃及金字塔附属建筑上的蛇形象

在苏美尔人的图像中，代表天空与大地的形式被刻画成蛇的样子

形成了白天和夜晚。在巴比伦的神话中，巨蛇提亚马特（Tiamat）是作为创造世界的创世神出现，提亚马特曾经和远古的混沌之海阿普苏（Apsu）混合在一起，随着时间的推移，诸神都被依次创造出来。后来马尔杜克（Marduk）将提亚马特的身体切成两半，一半做成天的穹窿，另一半做成大地，流出的鲜血则化为红海。而羽蛇神带来文明的传说遍布于中美洲各个地区，一般被描绘为长羽毛的蛇形象。羽蛇神还代表着死亡与重生，是祭司们的保护神。中国的开天辟地神话中盘古被认为是人首蛇身，他之后传说中的先祖帝王们也大都是人首蛇身。

总的来说，在几乎全世界的重要文明体系中，蛇的图像都有着至关重要的地位。它为什么没有随着人类文明进程的推衍，逐渐地退出人们的视线，这是一个问题。因为它作为一个文化意象，已经很深地与人类赖以生存的空间缠绕在一起了。人们的生活需要光，在古埃及的神话中蛇与日盘就有了纠结，并有一番完整的讲述，来描述每天太阳的升起是多么艰难。这是宗教对人心灵最深刻的教育，一旦世界观建立起来，是很难从潜意识中抹去的，这种意识状态会很自然地插入到人们的审美范畴里。

在日落西方之后，古埃及的太阳神拉都要经历12个小时的阴间旅程，而口吐火焰的蛇是阴间的守护神，把守着地下冥间的12道关卡。阴间众神的灵魂（Ba）都住在蛇里面，而死去的人到了阴间也都变身为蛇的形象。日落之后睡眠中的太阳神乘一太阳船进入阴间。在这漫长的航行中，前几个钟头太阳神必须经过阴间层层的关卡，他身旁伴随的神祇帮助他渡过种种艰险。在第四个钟头，太阳神化身为蛇穿过黑暗的荒漠。在第六个钟头，太阳神进入阴间的原始海洋。最黑暗处也是生命重生的地方，太阳神再次与其灵魂结合为一。在第七个钟头，四周依然潜藏着各种危机，要熄灭太阳神光明的再生，特别是太阳神的宿敌阿波菲斯（Apophis），横阻在太阳神的渡船之前，想要吞噬太阳神，阻挠他重新发出光明。不过此时迈罕（Mehen）蛇神环绕着太阳神，保护他免受阿波菲斯的吞噬。另外有其他诸神则以利刃将这条巨蛇的身体切成数块，最终太阳神走出阴间。到了第十一个钟头，日出的预备工作已经完成。在太阳神渡船的前头，诸神抬着环绕宇宙之蛇（Ouroboros）走在前面……神话并没有结束，日出的过程发生在环绕宇宙之蛇的体内，众神牵引着太阳神的渡船穿过这条巨蛇的身体，从尾端进入由口中走出来。太阳船上的圣甲虫飞向舒神，他把太阳高举向白日的天空。

在古巴比伦的神话中，提亚马特（Tiamat）就非常讨厌光，因为光被创造出来后，她就很抑郁，她和另一个神阿普苏一起诅咒着光，因此创造出无数产卵的怪蛇和其他怪物侵扰伴随着光的天神，甚至连天空神安努都害怕提亚马特。是马尔杜克最终化解了这场危机。提亚马特（Tiamat）这个名字似乎是来源于古老的苏美尔闪族语，ti = Life（生命），ama = Mother（母亲），这似乎暗示着这个名字的含义是"the mother of all life"（所有生命的母亲）。也没有任何远古文字清晰地描述提亚马特的样子。对她身体的描述包括：一条尾巴，一条大腿，一些可以同时摇动的什么东西，一个腹部，一对牛羊那样的乳房，肋骨，一个脖子，一个头，一个头骨，眼睛，鼻孔，一张嘴，还有嘴唇。身体内部有：一个心脏、动脉、还有血液。

古埃及有太阳神与环绕宇宙之蛇之间的关系，古巴比伦有提亚马特与光之间的关系，显示出文明初始时对宇宙的秩序与混沌的解释。

在古埃及的神话中体现得更具完善性与条理性，一位男性太阳神走过艰难旅程，完成光辉事业。而在古巴比伦文化中则显示得更为混沌，在提亚马特那不曾装配的一大堆器官面前，我们看到难得的原始性，她是人类对远古影像的一个模糊的印象，而且这个形象还保留着不曾被后世文化修饰过的记忆。

传说那是一个年代久远的女人，她的乳房很丰腴（一对牛羊那样的乳房），有强大的哺育能力，能“创造出无数产卵的怪蛇（用蛇祭祀）和其他怪物侵扰伴随着光（闪电）的天神”，可以把一连串与提亚马特相关的词汇联系起来，再转化为图像，就是提亚马特——握着蛇的壮硕女人，在人群中她有着巨大的威力。这个形象在原始的古代先民的意识中，是一种无形式逻辑化的形态，在没有语言文字得以表述的状况下，还是准确地记住了要点传向后世，后来的人们把最重要的部分都记述了下来。她就是人类的“夏娃”，马耳他巨石神庙中的胖女神，中国文化表述中的女娲。

神话传说几乎就是真实历史的梦呓与变形，从马尔杜克战胜提亚马特的故事中，我们也许看到了从母系社会向父系社会的转变，蛇所代表的正面性与负面性同时存在，也正是这个形象多面性的变化，为后世文化中的艺术创造提供了形而上的精神样本。

中国的古籍记载了一个著名的成语“巴蛇吞象”，地点就在现在的四川东部，巴人将巨蛇称为修蛇，也叫做巴蛇。它的体长换算成现在的尺寸长达180米，头部呈蓝色，身体为黑色。据说它吞食了一头大象，过了3年才把骨架吐出来。因为修蛇袭击人类，黄帝派遣后羿前往斩杀，后羿首先用箭射中了修蛇，之后追赶它到了遥远的西方，才将其斩为两段。修蛇的尸体变成了一座丘陵，现在称为巴陵。远古的神话成为现代生活中的常用语，这是人们再普通不过的文化习惯了。

崇拜蛇图腾的残余观念，通过各种各样的故事反映出来，也是屡见不鲜的。相传战国时期的楚国人孙叔敖小时候曾见过两头蛇：

孙叔敖为婴儿时，出游，见两头蛇，杀而埋之。归而泣。其母问其故，叔敖对曰："闻见两头之蛇者死，向者吾见之，恐去母而死也。"其母曰："蛇今安在？"曰："恐他人又见，杀而埋之矣。"其母曰："吾闻有阴德者天报以福，汝不死也。"吾闻之：有阴德者，天报以福。人闻之，皆谕其能仁也。及为令尹，未治而国人信其仁也。（《贾谊新书》）

总之，伴随着对蛇的神秘感的蛇禁忌是很多的。有没有孙叔敖这件事并不十分重要，所说的关键是蛇的意象衬托出对仁义美德的赞颂，也显示了他完成历史功绩的心理底色。

孙叔敖（约前630—前593），芳氏，名敖，字孙叔，春秋时期楚国期思（今河南固始）人，楚国名臣。公元前601年出任楚国令尹（楚相），辅佐楚庄王施教导民，政绩赫然。

《史记·高祖本纪》记载：高祖以亭长为县送徒郦山，徒多道亡。自度比至皆亡之。到丰西泽中，止饮，夜乃解纵所送徒。曰："公等皆去，吾亦从此逝矣！"徒中壮士愿从者十余人。高祖被酒，夜径泽中，令一人行前。行前者还报曰："前有大蛇当径，愿还。"高祖醉，曰："壮士行，何畏！"乃前，拔剑击斩蛇。蛇遂分为二，径开。行数里，醉，因卧。后人来至蛇所，有一老妪夜哭。人问何

汉高祖刘邦像

汉代画像石局部，画中左面一人仰倒钺折，右一人帽飞瞠目张嘴，以剑弑蛇者刘邦

哭，妪曰："人杀吾子，故哭之。"人曰："妪子何为见杀？"妪曰："吾子，白帝子也，化为蛇，当道，今为赤帝子斩之，故哭。"人乃以妪为不诚，欲告之，妪因忽不见。后人至，高祖觉。后人告高祖，高祖乃心独喜，自负。诸从者日益畏之。

这件历史上知名度极高的事件，几乎就是一件有隐喻的政治流言，或者称之为汉代第一传奇。在中国古代的方位色中，东方主蓝，西方主白，南方主红，北方主黑。亭长刘邦尽管没有大的文化，常识应该还是知道的吧，他所在的安徽沛县是楚国故地，应该是属于赤色，当时的秦国地处西戎而吞并六国，理应占有白色。白帝子被赤帝子所杀，无疑就是人们利用流言鼓动造反的舆论。蛇在这里又成了人们渴望斩断严酷的制度桎梏的象征物。

当代印度卡纳达语文学中，也有一则讲述了蛇与性爱的故事，明显现出了印度传统文明中蛇崇拜的文化印迹。

年轻迦玛什已经结婚了，可是她的丈夫每晚都要与情人住在一起。迦玛什为获得丈夫的爱欲，勾兑出一种特别的饮料，她又担心饮料导致丈夫不测，随手扔掉了饮料。花园中一条蛇吸食了饮料，不禁爱上了这家的女主人迦玛什。夜晚，它变化了身形走进房间。当天晚上迦玛什享受到了期盼已久的欢乐，不久她怀孕了。蛇于是说："迦玛什，你不知道真实的我，我不是你的丈夫，我是蛇王。"蛇王运用法术帮助迦玛什和丈夫沉浸在家庭的欢爱中。自己退了出来，悲伤地死去了。迦玛什一家虔诚地为蛇王举行了葬礼。

"蛇王"这个文学形象的人性化性格与崇高精神都得到了很好的体现，同时他的威严也从侧面体现了出来。文学作品几乎就是人们意识形态的集中体现，也是人文历史错综复杂因素对一个时代审美趣味的投射。

蛇图像在文化进程中的嬗变

导语

在语言文字尚未出现之前，人类的沟通应该是以眼神辅助发声达到目的，简捷、清晰而且有力。这些元素形成风格，得到广泛流行，其艺术特征深深地嵌入文化的初始状态，伴随着审美因素的发生，哲学化的意识形态也在萌发。然而一些最深刻的文化记忆会长久地烙在人类潜意识的深处，很难随时间的推移消失，成为人类重要的文化积淀，并且在不同的历史时期，被解读为完全不同的文化形象来继续影响着人类的生活。因为人们总要从自然的寄托物上获取精神的力量，它可以表现为两个方面：一方面是从受益的依赖性角度，使心理获得指导和启迪，成为生存的动力之源；另一方面，从被侵害的恐惧的视角，获取一个敌对物的确立，并以战胜者的姿态获得精神上的超越力量。

人类文化精神的启蒙教师

在古代地中海地区的马耳他，有一些最古老的巨石神庙遗迹，它们比埃及的金字塔年代还要早几百年，其中一座蒙娜亚德拉神庙中，蛇就具有十分崇高的地位，蛇与地母神联系在了一起。当时的氏族社

蒙娜亚德拉神庙中象征繁盛与生长的抽象交尾蛇形

会已经进入农耕时代，蛇的图像应该是在采集时代产生，在渔猎时代发展，是如何适应新的生产关系，乃至它们之间是如何相关联，蛇是如何指导人们丰产收获的，我们现在仍不是十分清楚。

可以说在宗教文化中，蛇基本都与神明相关。还是回溯到《圣经》所描述的时代，蛇进入伊甸园诱惑亚当夏娃偷食了禁果，使人类的心理发生了重大改变，萌生了羞耻感，懂得了用无花果叶子遮蔽身体。开启人类文化精神的第一步的羞耻感，是不是与蛇有着必然联系，我们也无法实际考察到。但是这个文化心理的觉醒，与蛇类是一定相关的，这就是偶然出现的祭祀活动。另外，蛇可以蜕皮，在古代先民的意识中，是寻求改变获得新生的象征，这也可能是促使先民探索和创造精神的初因，蛇成了远古先民意识状态的启蒙教师，或许它就是人类的文化史一直没有忘记蛇的关键所在。

探寻中国文化的源头，我们会首先提到伏羲女娲。有一个传说讲

道：当年洪水淹没了世界，所有的人都死了，只剩下兄妹二人躲在一只大葫芦中活了下来，这就是伏羲与女娲。后来，他们兄妹结了婚，地球上才又有了人类，也可以说这二人是传说中的人类始祖。这个久远的传说已经不可能以信史的形式出现在史册中，但人们会在口头文学中牢牢地记住他们。关于伏羲的形象，古代典籍中的记载很多，同时也提到："蛇身人首，有神圣之德。"《补史记·三皇本纪》这本书也提到他，"始画八卦以通神明之德，以类万物之情，造书契以结绳之政"。对于伏羲始画八卦，如《史记·太史公自序》等历史文献都有一致的记载。中国春秋时代成书的群经之首《易经·系辞传》中，也有对这位伏羲的描述："仰则观象于天，俯则观法于地，观鸟兽之文与地之宜，近取诸身，远取诸物，于是作八卦，以通神明之德，以类万物之情。"它表明人类哲学思辨的高度，是认识世界的一种方法。

伏羲像

另外，概括起来他也教授了人类的生产技能，"作结绳而为网罟，以佃以渔"（《易经·系辞下》）。《太平御览》曰："天下多兽，故教民以猎也。"清代马骕《绎史·卷三》："伏羲禅伯牛，钻木取火。"《白虎通义》曰："（伏羲）因夫妇，正五行，始定人道。"《六艺论》："羲皇始

中国民间图案中的伏羲形象，在这样的图形中可能保留着更为原始的意识形态

序，制作法度。”

伏羲这条原始社会的大蛇，在原始社会时代它就是人类的启蒙教师，为当时混沌无序的生活状态制定各种准则，奠定了文明的基础。这个历史时期绝不会是某一位圣人独自完成的，而是要经历一个漫长的时期来逐渐完善的阶段，是被实证不断验证的历史进程。但是，为什么我们总是在先民们作为偶像寄托的“圣人”身上看到蛇的影像？无独有偶，从其他的辉煌古代的文明中也会见到蛇影绰绰。

古代的希腊神话中也有一位人类的启蒙教师普罗米修斯，他是被宙斯放逐的古老神祇巨人族的后裔，他不但创造了人类，而且为人们带来了文明的开启。神话中说：他聪慧而睿智，知道天神的种子蕴藏在泥土中，于是他捧起泥土，用河水把它沾湿调和起来，按照世界的主宰，即天神的模样，捏成人形。为了给这泥人以生命，他从动物的灵魂中摄取了善与恶两种性格，将它们封进人的胸膛里。在天神中，他有一个女友，即智慧女神雅典娜。她惊叹这提坦神之子的创造物，于是便朝具有一半灵魂的泥人吹起了神气，使它获得了灵性。

普罗米修斯盗得天火

这样，第一批人在世上出现了，他们繁衍生息，不久形成了一大群，遍布各处。但有很长一段时间，他们不知道该怎样使用他们的四肢，也不知道该怎样使用神赐的灵魂。他们视而不见，听而不闻，如同梦中的人形，漫无目的地走来走去，却不知道发挥自身的作用。他们不知道采石、烧砖、砍伐林木制成椽梁，然后再用这些材料建造房屋。他们如同蚂蚁一样，蛰居在没有阳光的土洞里，觉察不了四季变化，他们做样样事情都毫无计划。

后人绘画的普罗米修斯

这些文明蒙昧时期的人们与在伊甸园中生活的亚当和夏娃是多么一致，他们没有目的地生活在自己的伊甸园中。于是，普罗米修斯来帮助他们了，他教会人观察日月星辰的升起和降落，教会他们占卜和祭祀显示的各种征兆；为人们发明了数字并懂得计算，发明文字让人们用语言交流思想，还教人们驾驭牲口。普罗米修斯教会他们调制药剂来防治各种疾病；引导他们勘探地下的矿产，开采铁和金银；教会他们农耕技艺。他还发明了船使人们在海上航行。他还关心人类生活中其他的一切活动。

为了人的利益普罗米修斯用自己的智慧，在分牛肉时蒙骗了万王之王宙斯，宙斯也因此拒绝向人类提供火。又是他从奔驰而过的太阳车旁引燃火种，将闪烁的火种带到地上，于是凡间燃烧起火焰。火越烧越旺，烈焰冲天。宙斯恼怒地命人把普罗米修斯拖到斯库提亚的荒原，他被牢固的铁链锁在高加索山的悬崖上，胸膛上还钉有一支尖利的钢钎。宙斯每天派一只恶鹰去啄食被缚的普罗米修斯的肝脏。肝脏被吃掉多少，很快又恢复原状。这是一种漫长日子的痛苦折磨……

普罗米修斯同《圣经》中那条蛇有着似乎相同的经历，蛇在伊甸园中背着上帝让人类吃了禁果，普罗米修斯背着宙斯为人间盗得火种，单就故事逻辑的框架来看是一样的。从普罗米修斯的身上我们多

这幅古希腊器物上的绘画中的蛇，是否含有某种暗示

少可以窥见他是一个巫者的身份，尽管故事中没有说明，还明确地向宙斯发出了预言：新的婚姻将使诸神的主宰者堕落和毁灭。他也曾预见到忒提丝将生下比父亲更强大的孩子，他就是后来特洛伊战争中的英雄阿喀琉斯。再看普罗米修斯名字的意译，包含有“先见之明”或“深谋远虑”的意思。这就令人猜测他的形象与蛇有关，因为普遍的古代文明中的巫祀几乎都与蛇有关，被证明是希腊文明早期一部分的迈锡尼文明，就有以蛇预言的遗物。而克里特岛上的米诺斯文明的遗物，持蛇女巫是可以成为后来古希腊巫文化的源头的。

希腊神话大约产生在公元前12世纪到公元前8世纪之间，历经古希腊人数百年的口耳相传。古希腊人的活动范围更是远至西地中海和北非。历史学家希罗多德和狄奥多罗斯等人的旅行，都记录下了自己沿途听到的故事，特别是希罗多德，研究了大量流传的神话和历史传奇，发现了很多希腊文化中东方的历史或神话根源。文化观念的相互交融应该是很自然的文化现象，所以完全有可能在普罗米修斯这个人物身上杂有希伯来人《圣经》描述的伊甸园中“狡猾”的蛇基因，就像《圣经》借鉴过来自苏美尔人史诗中关于大洪水的传说一样。如此说来普罗米修斯故事的原型就是被钢钎钉在高加索悬崖上的一条扭动的巨大灵蛇，每天还有凶猛的鹰来啄食他的肝脏，这是一个更具有原始性的场面。

羽蛇神

在原来故事的基础上不断地改造丰富情节，由一个关于蛇的故事衍化成一个人的故

事，或者说一个人的故事演化成一条蛇的故事，中国人首蛇身的神祇形象，也许就是一个因某种历史偶然而凝固的特例。流传在不同的地区，形成不同版本，并没有在后来的各种文学、历史、哲学著作中保存下来东西，应该是常有的事。

美洲印第安人崇拜的羽蛇神，最早见于奥尔梅克文明，阿兹特克人称之为“奎兹尔科亚特尔”（Quetzalcoatl），后来被玛雅人称作“库库尔坎”（kukulcan），是玛雅人心目中带来雨季，与播种、收获、五谷丰登有关的神祇。事实上是阿兹特克人的一支托尔特克（Toltec）人统治玛雅人城市时带过来的偶像，后来成了中美洲各民族普遍信奉的神祇，他主宰着晨星，传说他教给人们天文、书写、数学和工艺，并制定和颁布了法律，而且给人类带来了玉米，是人们远古时代的教诲者。也有久远的传说认为他来自东方的海上，后来在某一个时间走了，但是他说过，他还会回来的。然后，他来到海边，踏上一条由蛇编成的筏子，漂流到特拉巴兰去了。

这是羽蛇神的真身吗？

可以加进无数元素的简约方式

查找一下《圣经·旧约》，通篇竟有81处提到蛇，而且蛇被赋予了不同的面貌，在《创世记》中它被描绘成一条狡猾的蛇，处在造物主耶和华的对立面。而在《出埃及记》中它又是上帝魔法的象征：

耶和华晓谕摩西、亚伦说：“法老若对你们说：‘你们行件奇事吧！’你就吩咐亚伦说：‘把杖丢在法老面前，使杖变作蛇。’”

摩西和亚伦进去见法老，就照耶和华所吩咐的，亚伦把杖丢在法老和臣仆面前，杖就变作蛇。

于是，法老召了博士和术士来，他们是埃及行法术的，也用邪术照样而行。

他们各人丢下自己的杖，杖就变作蛇，但亚伦的杖吞了他们的杖。

蛇是我们生活的自然界中习见的生物形态、最简单的生物，它的习性又显得诡异多变，这两者相结合，便可以在人类的文化发展中扮演众多角色，人们便可以把八十几岁的摩西和亚伦的手杖想象为蛇，从而演绎了希伯来人与埃及法老斗法的场景，在这里蛇是形式简洁而蕴含丰富意义的表现。

蛇的形体几乎可以简化成一条线，就来讲述这一条线的故事。

伏羲、女娲都是开创了文化发展先河的人物，伏羲执规，女娲执矩。这种构图的寓意是伏羲执规画圆以象征天，女娲执矩以象征地，将这样的隐喻扩展开来，他们蛇身的形象就是寓意开创的文化像河流一样流淌不息，蜿蜒不绝，蛇的逶迤被用来比喻了河流，况且人类的文化大多都是傍水发展起来的。人面的造型象征人类自我意识的觉醒——文化的伊始，否则为什么所有上古的神话传说都以这个形象为标准呢？如果单以蛇崇拜为标准，为什么没有一位是蛇首人身的形象？这样的形式不是更有膜拜心理的认同感吗？因为这样的形象在《山海经》中有记载，又是为什么远古先民执着于用人面蛇身来形容开创性的神祇。

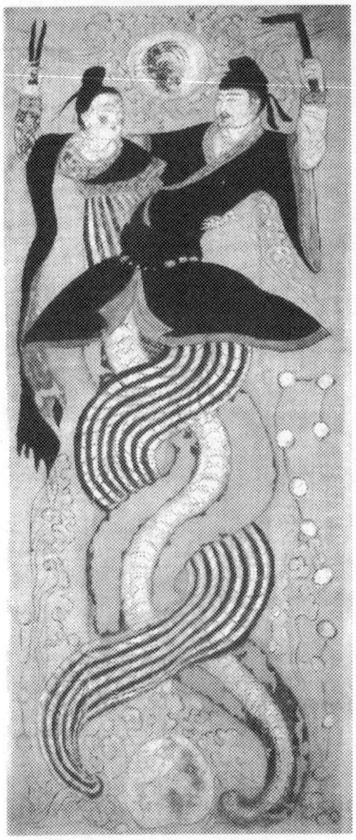
唐代伏羲女娲帛画

蛇代表生育力本身，也来自上古文化中地母女神重要的一部分，或者说是人类本身，在离奇的古印第安神话中，阳具化身为蛇，与一个女人结合并使她怀孕。伏羲与女娲缠绕交尾在一起也具有强烈的性暗示语境。

在蛇这个简单的生物形式上，也确实可以附加诸多人的意识。

《山海经·大荒北经》：“……有神，人面蛇身而赤，直目正乘，其瞑乃晦，其视乃明。不食、不寝、不息，风雨是谒，是烛九阴，是谓烛龙。”这条被称为烛龙的蛇，就是自然的创造者，它闭眼是昏暗，睁眼是光明，以风雨为食。而书中描述的“钟山之神，名曰烛阴。视为昼，瞑为夜，吹为冬，呼为夏。不饮，不食，不息，息为风。身长千里，在无綮之东。其为物，人面，蛇身，赤色，居钟山下”，（《山海经·海外北经》）也是烛龙，同时有了更为细致的刻画，“视为昼，瞑为夜，吹为冬，呼为夏”。它不喝不吃也不休息，一呼吸就成了风，蛇的形象真切地被扩大为自然本身了。

阿兹特克的大地女神考特丽奎，其腰间有一条蛇腰带，与马耳他的大地女神含义中的蛇应该有相似寓意

在古希腊的神话中阿波罗用箭射死大蛇皮同的故事也是很著名的，他在埋掉大蛇的地方建起了自己发布神谕的德尔斐神庙。这件事蕴含的象征意义是，以杀死巨蛇的方式创建自己的威信。这则神话与古代日本有关八歧大蛇的传说十分类似，都没有对巨蛇的性格有充分的刻画，只是作为一个符号存在的。天照大神与他的姐姐素盏明尊发生争执，被众神从高原贬至出云国，天照大神得知山中有大蛇，每年都来吃掉一户人家的女儿，于是设计斩杀了大蛇，在蛇尾处找到了草稚剑，后来天照大神把它赠给了人间的天皇。人类为了确认自身的地位，**给蛇附加了本不属于蛇所承载的因素（背景链接四）**。

烛阴

同时也有人类的政治阴谋与诡诈，使

古代金币上阿波罗的头盔被铸上蛇纹样

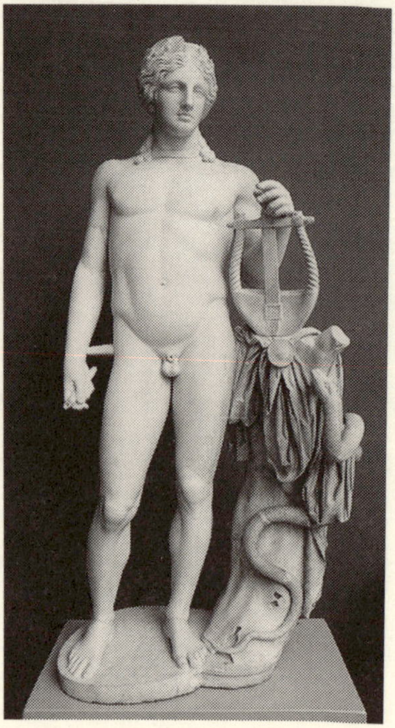

古罗马雕刻《阿波罗》

阿波罗射死大蛇皮同后，就地建起了自己的德尔斐神庙。皮同为大地女神该亚所生，当女神勒托怀着宙斯的儿子阿波罗时，嫉妒的赫拉派他去追击。这个说法解释了阿波罗长大后找皮同寻仇的原由。有学者认为原始神话中包含两条巨蛇，其中一条与阿波罗是伙伴，后来被混淆在一起了。确实在有的神话中守卫德尔斐的蟒蛇叫“德尔福娜”。古希腊阿波罗雕塑旁刻有蛇的形象，反映出上古人类关于蛇与大地、天空的关系。

法厄同完全失去了对太阳车的控制，最后，宙斯只好用一道闪电劈向法厄同，他一头扑倒，从豪华的太阳车里跌落下去。可怜的法厄同如同燃烧着的一团火球。这个故事历来被诗人画家所描述。这幅画面内容来自奥维德《变形记》，靠北极冰冷地带最近的巨蛇座从不伤人，原因是它冷得懒于动弹，这回也发热了，火把它烤得发起怒来。

〔法〕古斯塔夫·莫罗《法厄同》

〔西班牙〕 格列柯《拉奥孔》

蛇形象在写实性画面中的直接出现，令激情展现出少有的扭曲与纠结，这是人类天性中特有的精神层面吗？

古罗马雕刻《拉奥孔》

蛇背负了令美艳女人香消玉殒的千古憾事。埃及艳后克里奥佩特拉，这位埃及托勒密王朝最后一位美貌与智慧并重的女法老，其一生充满传奇和争议。公元前30年，罗马大帝屋大维率军追击政敌安东尼而踏入埃及，生擒了克里奥佩特拉，女法老最后用毒蛇自杀。据罗马帝国的史官，即希腊哲学家普卢塔尔克的记载，女法老安排女仆用花篮将一条毒蛇偷偷带入，并让毒蛇咬伤自己的手臂而自杀，她的两位女仆也以同样方式结束了生命。克里奥佩特拉在临死前曾派人给屋大维送去一封“绝命书”，屋大维见信之后，立即派人前去阻止，但为时已晚。

普卢塔尔克对女法老之死的记载一直引起质疑与猜测，有动物专家认为，同时致死三人，只有眼镜王蛇才能做到，但毒蛇咬人时不是都释放毒液，短时间内让三人相继死亡的可能性很小。屋大维的寝宫距离女法老的幽禁处只有几分钟路程，但当卫兵赶到时，三人都已经死亡，这也有悖蛇毒致人死亡的规律。另外，古埃及文化中将自杀看

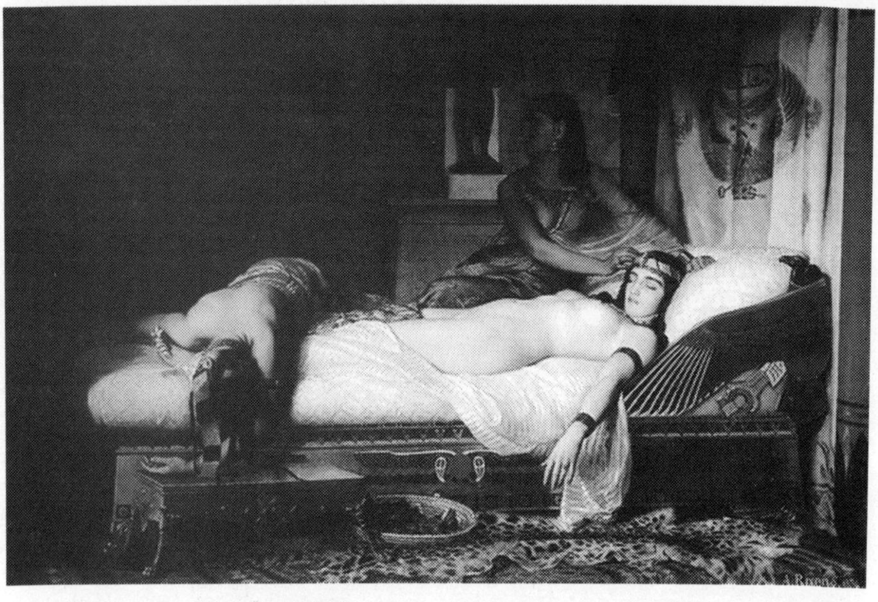

〔法〕让·安德烈·罗布《克里奥佩特拉之死》

作是一种罪孽。关于两个女仆的死因也是离奇，因为在古埃及没有仆人陪葬的传统，她们为何要死？

克里奥佩特拉在最后几年中，她唯一的目的就是将儿子养育成人，并让他掌管天下。在自己理想还未实现、儿子命运未卜的情况下，女法老会为殉情选择自杀？“绝命书”使屋大维在克里奥佩特拉的“突然死亡”这个事件中，显得如此无能为力。卫兵说，现场没有其他的东西，没有蛇，没有毒药，没有匕首，没有任何证据能够显示自杀，同样现场也没有任何痕迹显示谋杀的证据。

将屋大维随后处死克里奥佩特拉与恺撒之子恺撒里昂，以及女法老与安东尼之子亚历山大的事实联系起来，就会得出一个结论：屋大维要清除可能影响自己未来统治的潜在威胁，又使他的形象看起来不那么残暴。这就是流传了两千多年的克里奥佩特拉与安东尼的悲惨爱情故事。那么这个故事最初是出自谁之口呢？它来自史官普卢塔尔克的记录，这位学者出生于克里奥佩特拉死后75年，也就是女法老身后100年才记录下来这件事。当年握有事件“最终解释权”的屋大维的用心如何？事实真相中有没有那条蛇？关于历史能不能还原？哲学家兼史官的普卢塔尔克写下自己的思忖：“真相无人知晓。”这句话却成为后世历史学家们普遍崇尚的经典。

象征着尊贵和荣耀的眼镜蛇，这个古埃及3000年灿烂文化的守卫者，又是其盛大衰落的见证者，抑或说是终结者，将向我们讲述多少人类与蛇之间的隐秘轶事。

中国的皇帝号称天子，自诩为龙种。有关龙蛇一体的认识，汉朝郑玄《洪范·五行传》曰：“蛇，龙之类也 ，龙无角曰蛇。”蛇的形状是最可以加以变化的形式，为它附加了腿足、麟角和须髯便转化成为人们臆想中的龙，飞腾于云水之间，呼风唤雨；或为西方邪恶之撒旦，祸乱人间。蛇的形象与附加在其身上的意义，在人类历史的演进中真是瞬息万变，目不暇接。曾几何时，蜷缩在法老王冠之上，俯瞰

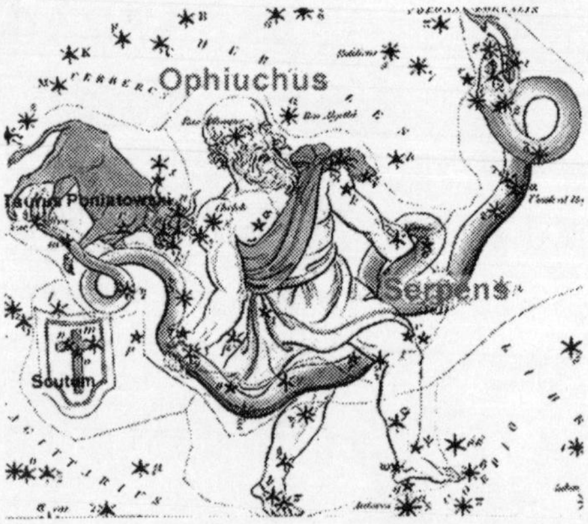

蛇夫座与巨蛇座

世间之时间永恒，或者成为古印度宗教神话中的蛇王，亦正亦邪，也可以飞翔在美洲大陆的高天之上，许诺人们会再来而一语成谶；也可以如古希腊神话中的乌洛波洛斯，用蛇象征宇宙的统一和永远；也可以像《圣经》中所言，它本有腿足，也有漂亮的翅膀，因为劝人类偷吃禁果，上帝咒它用肚皮走路，草里来土里去，全没有了当初的美丽。

传奇几乎塞满了人类文化史，古希腊传说中有这样一个情节，医神阿斯克勒庇俄斯想研究一条花斑蛇，寻求长生不老的方法。后因其他缘故天神宙斯以天雷劈死了医神，事后又反悔了他的鲁莽做法，于是宙斯就把阿斯克勒庇俄斯升到天上，也把那条花斑蛇升到天上，这就是蛇夫星座与巨蛇星座。人类为蛇这个形象注入了太多的与之无关的元素。

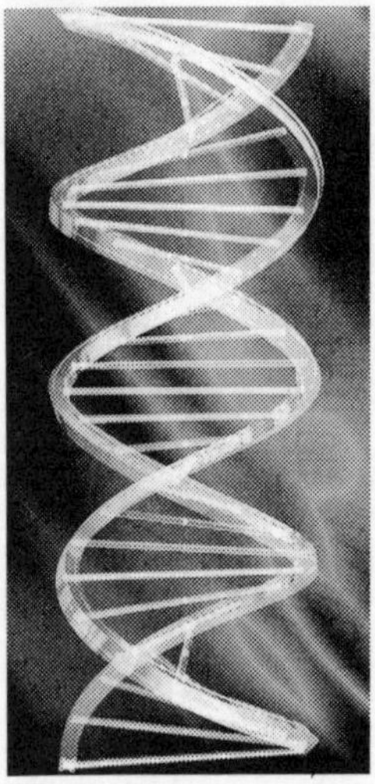
遗传物质的形态

1983年被联合国教科文组织的《国际社会科学》（中文版）杂志以《化生万物》为题选用一幅伏羲女娲在天空背景上的画像，采用的原因是1953年科学家发现了生物的一种基本遗传物质——脱氧核糖核酸的分子。这一化生万物的基本遗传物质的结构是一种双螺旋线的结构形式，而这种双螺旋的结构形式竟然与中国文化中的人类始祖图《伏羲女娲交尾图》非常相似。这也许只是一个巧合，也许在人类的潜意识中，对自我的认识，有着我们无法想象的纵深空间，等待现代科学的探寻。

人类文化中，还有多少蛇图像的因素纠缠着，变化出无数的诡秘图景，其“真相无人知晓”。

衔尾蛇，对世界无限的定义

在中国红山文化中出土有环状的龙形，它的原本含义现在已经无从说起了。从它的设计理念来看，应该有宗教的意义，是否蕴含了对宇宙或世界的一种主观认识，以衔尾蛇的状态来形容，我们不好直接下定义。参照古籍文献，我们看到一个更为清晰的表述。《山海经·海外西经》记载：“轩辕之国在（此）穷山之际，其不寿者八百岁。在女子国北，人面蛇身，尾交首上。”“人面蛇身，尾交首上”，无疑形成一个蛇环。在《山海经·海外西经》还有进一步地描述：“穷山在其北，不敢西射，畏轩辕之丘。在轩辕国北，其丘方，四蛇相绕。”从猎人不敢向西射箭，表明有一种神祇或精神的力量从西方而来，而轩辕之丘在西王母所居玉泉山之西四百八十里（见《西山经·西次三经》），看来是因为畏惧轩辕之丘的威灵了。轩辕之丘的形貌特征是“其丘方，四蛇相绕”，四条蛇拱卫环绕着一个方形的台子。这是远古先民意识中的宇宙模型吗？氏族首领——大祭司们就是在这里祷告天地？我们看到人类文化在远古时代混融一体的模糊影像。不揣冒昧的话，**本文是第一次明确提出中国文化中衔尾蛇的概念（背景链接五）**。

轩辕国

商代陶器上的纹样

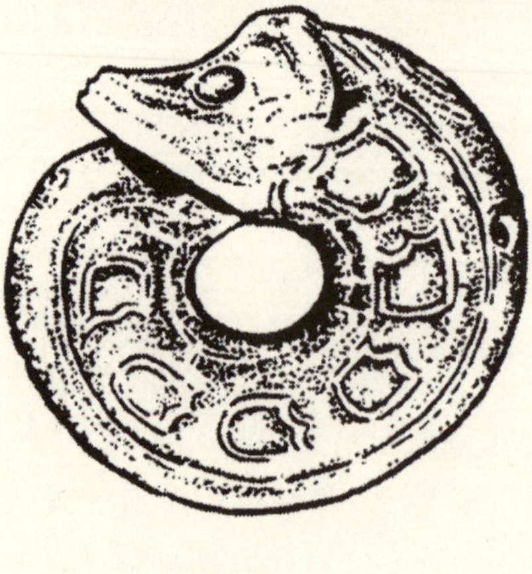

殷墟妇好墓猪首环体龙玉饰

汉代画像石上的伏羲女娲图像

欧洲文化中的衔尾蛇图像

世界神话传说中，广泛地流传着有关衔尾蛇的观念。随着文化史的进程，这个最初的臆想，发展成解释世界的哲学观念，进而成为人们探索世界存在的一种有效方法。

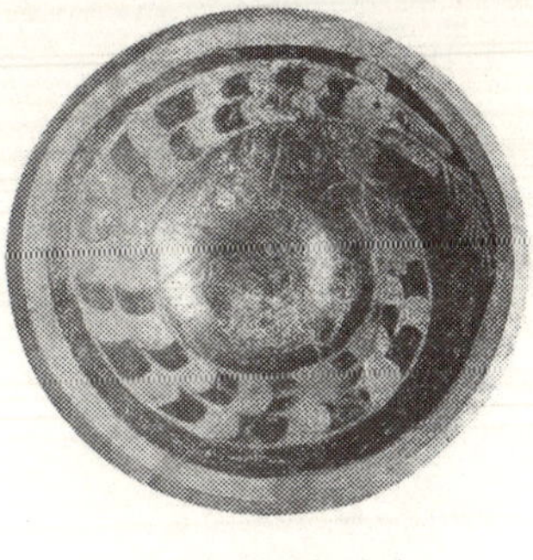

夏代彩陶龙纹盘

战国青铜龙纹盘

商代青铜器龙纹

纹簋的象鼻龙纹

龙和蛇的躯干为卷曲状，呈首尾相接的衔尾状，或螺旋盘曲状，多饰于盘的中心。《仪礼·玉藻》记载：『龙卷以祭。』孔颖达疏：『龙卷以祭者，卷谓卷曲，画此龙形卷曲于衣，以祭宗庙。』古代以龙、蛇属于同类，把龙画作蛇身蟠卷状。自夏代到战国的器物上都有表现，只是图像结构略有变化。

这个盘龙纹中奇特的是包含了一个人形！人对祖先的祭祀，也包含了对土地的期待，如夏代彩陶龙口中象征丰收的穗子

商代青铜盘龙纹

商代晚期青铜盘龙纹

印度教的宇宙观

古埃及神话中的环绕世界的衔尾蛇隔开了无止境的混沌，维护着宇宙的秩序。可能与苏美尔人中期的创世神话有关，在乌尔城遗址中发现的一块制作于公元前22世纪的泥板上，就有衔尾蛇的图像，可以说是目前最早的发现了。

古代印度人也认为是乌龟趴在衔尾蛇背上，四只大象站在象征力量的乌龟的背上，支撑着大地。一些印度民间神话也说蛇神舍沙（Shesha）环绕着龟神俱利摩（Kurma），龟神背负着的八头大象支撑起整个世界。北欧神话中洛基的孩子耶梦加得，就是一条头尾相衔、雌雄同体盘绕着整个世界的巨蛇。

这个神话中的巨大生物，似乎已经使自身脱离了客观存在成为象征性的存在,象征着宇宙的统一和永远。它头尾相衔,表述着“不死”“全部”“无限”“世界”“睿智”的哲学意味。“衔尾蛇”这个称谓，源自古希腊，在很多远古神话中，都流传着一条吞食自身而存活下去的蛇，

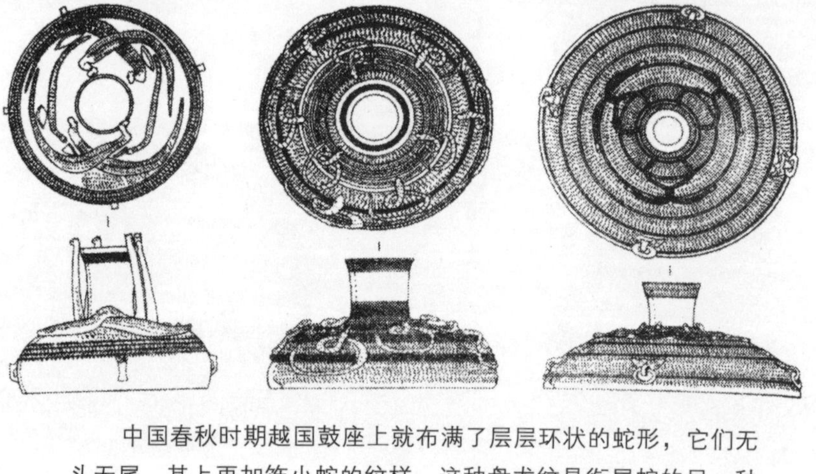

中国春秋时期越国鼓座上就布满了层层环状的蛇形，它们无头无尾，其上再加饰小蛇的纹样。这种盘龙纹是衔尾蛇的另一种变化吗？

实则比喻人从诞生之日起，不断蚕食着昨日的自己，死后转生，再由婴儿开始重复新的一生。咬住自己的尾巴而首尾相连的蛇，就是生命轮回往复的象征。

古希腊哲学家柏拉图在《蒂迈欧篇》中提到的宇宙圆球概念时，用一头处于自我吞食状态的宇宙始祖生物来形容一种星体的最外层气圈结构：它是不死之身，并拥有完美的生物结构，这个圆形的无限概念正如衔尾蛇所显示的基本逻辑。

这头生物并不拥有眼睛，因为在它的外围已经没有任何需要观望的东西存在；它亦没有耳朵，因为外围没有任何需要聆听的事物；外围没有任何的气息，所以它不用呼吸；它没有任何的器官，因为在它身边没有任何东西会被它吸进或由它排泄，所以不需要进行任何消化。在它被生育出来的时候，它的排泄物就成为它的食粮，它的行为及其行为之影响都源于它，亦受之于它。造物者构想出这头能够自给自足的生物，这比其他缺乏一切东西的生物来得完满。另外，它不需要向任何对象采取任何防卫的措施，造物者认为没有必要给予任何献牲到它的手上。它亦没有足，它的整体本来就是一种移动的手段。它虽然拥有无上的心灵与智慧，但它对移动的概念却相当模糊，因为它只在同一个位置上存在，所以它的移动轨迹有如圆球。可是随着它本

美国俄亥俄州的印第安人蛇丘遗址

蛇丘是北美大陆上少有的奇特而神秘的古代遗址，至今也没人弄清楚其确切来历和所含意义。它长达300多米，高约1米，横亘于河边的山丘上。

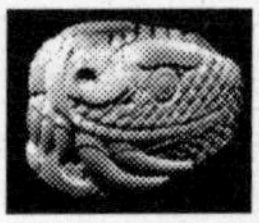

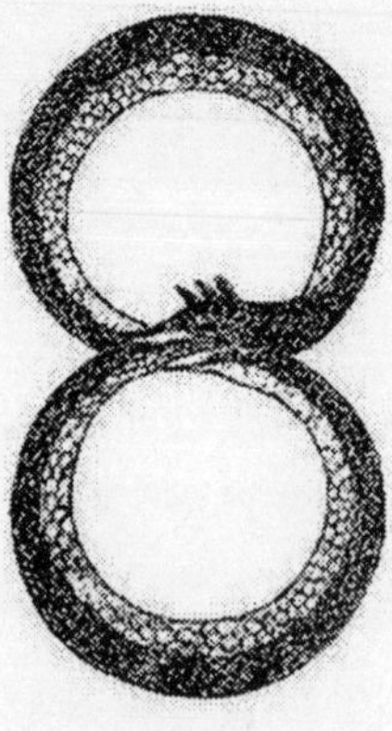

衔尾蛇

太极图

身的局限，它只能不住地环状旋转着。

关于蛇吞噬自身或类似的蛇环的意象，在超过40多个古老文明之中都有表现。但在不同的文明中，有着不同的象征。它的源头可以追溯至公元前1600年的古埃及时代。从古埃及发展至腓尼基，再到希腊时代的哲学家们的手上，为这个神话中的形象取名“衔尾蛇”，并且延伸演化为一个哲学概念。

蛇的形态还被表现为双环形 “∞”，作为太阳的符号，象征永恒与无限。衔尾蛇所拥有的“无限”概念，似乎亦与数学概念中的“无限大”有所关联。衔尾蛇图案的历史更为悠久，也因此衍生出衔尾蛇与无限大符号之间的相关争议。或者说“∞”本来就是一个在古代具备宗教性或与炼金术相关的符号。另外，中国西藏石刻里有名为“无尽之结”的图案，亦与衔尾蛇一样代表着生死循环的概念。也有人认为“∞”本来就是一个古老符号，或者说“∞”是在特定物上特意构成。究竟是存在已久的“∞”构成了衔尾蛇的形象，还是衔尾蛇图案给予数学界灵感，成为数学上表示无限大的符号“∞”，对此，很难说得更清楚，应该是一个文化历史的谜团。

衔尾蛇图案除了可以象征“无穷”以外，在物理学里也反映出一种宇宙规律，象征着宇宙中无始无终的循环概念。衔尾蛇吞噬自身的意象，反映了粒子物理学（极小）与宇宙概念（极大）关系的交接。由于衔尾蛇整合生死的原理，与物理学“极大中蕴含极小”及“以极小可以印证极大”的原则相当接近，就被用作相关概念的代表符号，以表现宇宙 “永恒不朽”，表示没有开始也没有结束。结束就是开始，开始就是结束，时间永远持续轮回。如果将中国的太极图也认作是衔尾蛇意象的另一种抽象表现，它对宇宙规律的概括更为确定，阴阳的图案象征所有事物的两极观念，这是两股互不相容的力量，也并非处于对抗的位置上。蛇环的一个普遍含义就是轮回。

在现代心理学中，衔尾蛇还被比喻为自我尚未形成前的混沌，象征着支配一切的“母亲”。这完整的哲学观念的源头是来自《山海经》中记述的“人面蛇身，尾交首上”那个远古的时代吗？人类从初始由偶然际遇的具体事件的推动，一步步地升华为对整个宇宙的思考，这就是人类创造文化的伟大力量。

人类的文化现象庞杂而繁复，很难用某种形式逻辑进行完整的解释。有关蛇图像在其中的穿插混合，极大地丰富了人们表述事物的符号化特征，成为人类文化早期的一个重要的表达方式。这种系统化的过程从生活中的点滴琐事到对宇宙规律把握，几乎是全部都有涉及，深深地介入到文化精神之中，成为人类的核心价值。

神话中首尾相交的蛇，在心理学中是自身精神充实的典型表现，其形成的循环性象征着自我陶醉，这种完善的形态是文化的一种成熟。**人类从对自然的认识中获取了精神力量（背景链接六）**，从而滋养了人的意识状态，促使以模拟自然物象来解释人对自然的主观认

这个残缺了的女神像手扪腹部的姿态正好比喻为自我尚未形成前的混沌，同时也象征了自我陶醉

〔英〕 卢西安·弗洛伊德《沉睡的救济金管理员》

卢西安·弗洛伊德（Lucian Freud）表现派画家，英国最伟大的当代画家之一，绘画风格犀利而独特。他在1995年创作的画作《沉睡的救济金管理员》，2008年以创纪录的3360万美元被卖出，也是在世画家画作的最高纪录。

弗洛伊德说："最初，我想象到了像蒂雷那种硕大体型的一切壮观的东西，比如像令人吃惊的火山口，或者像某种以前从未见过的东西，我的眼睛当然是被吸引到由体重与批评所招致的痛苦与沮丧之上。"弗洛伊德最具知名度的就是他以厚重颜料堆积而呈现量感的人物裸体绘画，透过这些作品呈现人类动物性的一面。

曾有评论说："因为弗洛伊德忠实捕捉了人类肉体在放松状态时，肌肉间自然的皱折感，因此画面人物年龄看起来比实际年龄要老。"也有人指出，因为弗洛伊德画进了皮肤底层深处，预知了肌肤老化的状态，那些皱纹在出现于模特儿身上前就已被他画进画中了。弗洛伊德的第二任妻子布拉克伍德曾在一篇评论弗洛伊德作品的文章中写道：他所画的肖像不单只是单纯捕捉被画者的形貌，仿佛是画出了一则有关被画者的预言，"他记录下了伦敦许多战后艺术家所感受到的那种绝望"。

弗洛伊德自述："我会从多个角度检视我的模特儿，我不想失去任何对我有用的东西。"他就像是一部3D立体扫描机，以多个角度检视他的模特儿。这样多角度的视角，让他能以大笔刷画出具有量感的身体。喜欢自称"生物学家"的弗洛伊德还说道："生物学对我有很大的帮助，从研究动物中可以学到许多。我以为透过观察我可以发现新的事物，发现那些先前从未被发现的，没有被观察到的。"人体虽已不是什么新鲜的主题，但是透过日复一日的观察，他从中发现了全新的令人感到惊异的潜力。"还有什么比两只眼睛配上中间的那只鼻子更有超现实感呢?"

他画作中的人不是在睡觉就是闭眼休息，画面并没有任何带有特殊含义的象征物或是叙事性，描绘这些被绘者长时间自处的模样，他强而有力地处理了这有关未知的、看不见的话题。曾担任他模特儿的艾维斯说："他不只是要画出你的外貌，他必须要认识你，也要了解你。"

"我对于用动物的角度去看人类相当感兴趣。我喜欢画裸体的原因一部分源自于这样的喜好，把人看作是动物时，我可以看到更多。同时，看到这些形状不断地透过身体在头脑中自我重复，这点相当有趣。"

这种向内了解探寻自我的精神世界的做法，自然切入了人类文化精神在每一个人潜意识的广泛领域。他说："对自己有更深的认识，对自己的感觉更加深入地了解，这些比总是向外寻求新刺激来得重要。"这样的思考方式成就了他对人类文化的贡献。

〔英〕　卢西安·弗洛伊德《酣睡中的双人体》

识，这也被认为是人类的艺术状态。

艺术现象的发生都是伴随着精神的倾向性而产生魅力，所以，艺术的创造首先是为了精神的满足。一般来说，自我肯定只有达到不顾其他因果关系状况下，唯有这种极端的主观利己性，才能沉湎其中获得最大程度的心理愉悦，它的主因就是在潜意识中减缓了外界给予的生存压力。这种放松的心理因素，使人类在适应外界的复杂情况时，才能获得一种最佳的选择。蛇在人类文化中的衍化也许可以作为一个印证，这也是蛇图像始终伴随人类文明进展的一个重要缘由。

蛇图像仍然在向人们展示它们非同一般的场景。

纳斯卡线条中兀鹰与蛇结合的图像——蛇鹈鸟

精灵的抖动，在空间中的无穷变化

导语

人类在不同时代创作了大量蛇形作品，我们可以感觉到其中蕴含的魅力，有些甚至具有穿越时代和跨越文化区域的力量，它就是人类关于“美”的高度概括与象征。这个所谓的“美”来自哪里？我们可以用情感、气质、性格等来解释，还可以用韵致、力量、精神等来解释，也可以用旋律、节奏、转折等来解释。心灵的所有感动是人解释自身、解释世界的诸多原因。这种美的本质要素，会化身到令人震撼和感动的伟大作品中，会让人得出蛇的精神影像隐于其中的结论吗？因为原始先民那最初对精神与意识的渴望嵌入每一个人的潜意识，因而说所有让人们记忆深刻的艺术作品，都有远古时代的文化基因在起作用，这是有待现代科技来揭示的生命课题，也是任何人都无法回避的一个现实。

富于变化的最具抽象性的生物

文化研究者们经过研究，认定远古先民陶罐上的抽象图案是由鱼、蛙、花朵、叶片、雷电或水流漩涡发展变化而来，因为任何抽象的思维似乎都来自对现实物象的印象，普遍认为这种思维逻辑是人们认识世界的规律。其实关于上古时代人类的认识方法与逻辑思考，并非是一致的，这就像我们以今天的文明高度，犹不能准确地解开对古代文明的疑惑一样。来自内心的梦幻，对巫术臆想的意志力，有可能是造成他们游走在外部客观世界与内部精神世界的边缘，形成两边摇摆的、呈曲线形形象思维轨迹。而这样的蛇形形象思维也是人类精神世界初始形成期必需的过程。考古发掘证明陶器纹饰无论是从具象到抽象演变，还是从抽象到具象的变化，没有文化层演化上的规律可循。

蛇类很深地介入到人类文化艺术之中，也是很自然的事情。蛇的

蛇在水中游动的姿态

人修筑的盘山路的形状

人对男性生殖器的认识以及舞蹈中长长的队形，都可能在潜意识里加深对蛇形象的神化。

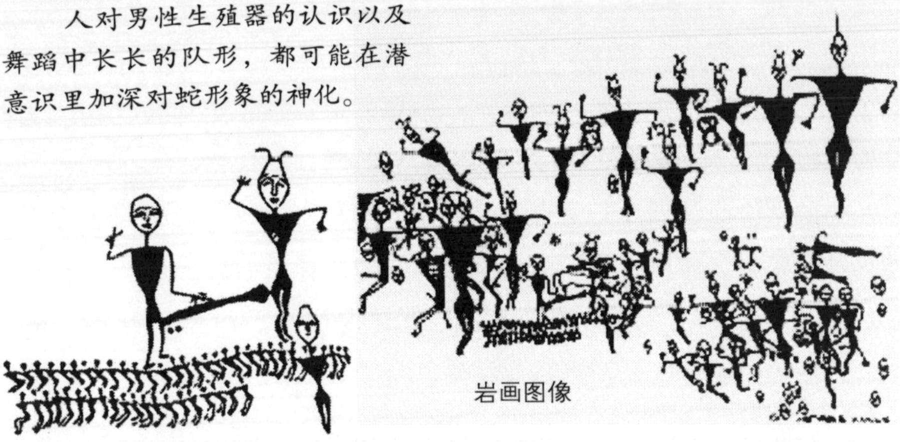

岩画图像

形貌特点因此也是人们最为熟悉的。因为最初宗教感情的原因，人在蛇的身上普遍附加了神圣的色彩，于是它们的行动方式所展现出弧线的律动，更带有美妙的韵致。蛇类运动时存在的抽象性，与人精神上的抽象性十分默契地结合到了一起，极有可能演化出远古先民最为普遍的情愫，这也引起了原始文化时期人类文化心理的共鸣。

北欧号角上的图像

可以说，在远古先民的眼中，可能蛇这种动物是与人接触最多，也是最引起他们注意的一类，同时也是令人敬畏的生物了。因为居住条

《山海经》中腿脚缠有蛇，寓意行路时避免被蛇咬伤而祭祀的神

件与环境的关系，这类生物会较为常见地出现在他们平常的生活里。在中国上古时代，人们在平时的交往寒暄中，常以“无它”来问候。这个“它”就是专指“蛇”而言，在后世的语言转化中，转义衍生为“他、她、它”，可见蛇给人的意识多么深刻的印象。

蛇的形体简洁到由一个点带动一条线的程度，我们几乎很难在自然界种类繁多、体形相当的生物中找到像蛇一样简约的生灵了，并且它的分布之广，也令远古先民吃惊，无论是海洋、河流、湖泊，高山、丘陵、广漠，几乎都可以寻觅到其身影；它性情中隐忍与决断的

中世纪欧洲人对海洋所具有威力的一种恐惧

诡谲，行踪悄然的异样表现，往往使对手防不胜防，也给人神奇的印象，可以说它是最富于变化的生物。人类要生存就要猎杀，人类要生存就要征战，人类要生存就要繁衍，人类要生存就要聚落，群居就会竞争首领，这是自然法则，人又会从蛇的身上学到许多谋生和跻身的手段。于是蛇在文化初蒙的漫长时期里演变成一种图腾偶像，成为一种巫术的力量。

前面说到蛇形体的抽象性，很自然也很容易与人类的精神文化场景相结合。考察民间神话，可以说它是保留远古文化最适合的“芯片”，尽管在不同的时间阶段做了不同程度的修改，在它中间还是保存了很多的久远信息。关于女娲在荒凉寂寥天地间造人的传说就夹杂了这样的意象，她对着水，照见了自己，心想要是天地间有几个像自己的生灵，就不寂寞了，于是抓起泥土和上水，照自己的样子捏出一个个泥偶，她感到费力，于是用一条绳子在和了水的泥浆里抽打，然后甩出许多泥点，这些泥点落在地上，经风一吹，都变成了人……我们无法考证关于女娲人首蛇身的形象是否就源于当初女娲手中舞动的绳子，在空间甩动中的绳索是可以重合游动中蛇的图像的，它们抽象的形式意蕴是同一的，原始巫术的精神此时也就自然注入这种行为中。

西藏石雕中蛙与蛇的崇拜

女娲形象的民间剪纸

在两河流域的古代苏美尔阿卡德时期流传着一个女神，在公元前

苏美尔人雕刻的莉莉丝的形象

2000年的泥板上称其为蕾拉，她就是后来犹太人传说中的莉莉丝。在10世纪成书的佚名文献《本司拉的知识》中记述莉莉丝是世界上第一个女人，她是上帝为亚当用泥土造的第一个妻子，下半身的形象是蛇。后来因故离开了伊甸园，上帝唤她回来，否则她每天就有100个子孙死去。

关于她的神话传说许久以来零零散散，莫衷一是，仿佛一直在她身上赋予新的东西与解释，并且在往邪恶的方向改造她，读来有些令人费解。《圣经·旧约》的文辞中也隐隐约约地暗含着这个女人。以赛亚书“旷野的走兽要和豺狼相遇；野山羊要与伴偶对叫。夜间的怪物必在那里栖身，自找安歇之处”。所谓“夜间的怪物”应该是专指莉莉丝，或者有的版本干脆把它翻译成苍鹗。推测是宗教家们在著述时，将之描写成禽鸟，刻意抹去了这个神奇人物的诸多事迹。

史前时代，在人类蒙昧初开之时，也正是母系社会阶段，人们一定以为整个世界是与女神融为一体的。膜拜伟大女神的习俗在大地上普遍流行着，世界被这个女神统治了几十万年。她变身为后世记忆里的女娲或莉莉丝，归纳她们有关最初的事迹与形貌，又有诸多的近似性：

（一）同为世界上第一个女人。

（二）泥做的女人和女人用泥土做人。

（三）都有众多的子孙。

（四）蛇身，神话中显示人与蛇的重合。

（五）共同具有神性。

蛇对于远古先民的意识来说，可能就是表示抽象精神的一个具体标志，是一个高度概括化的概念的象征，又是带有血缘亲族的标志。在没有更丰富的语言词汇表达抽象概念的上古时代，自然中具象的指示物的选择，应该说是最为切实和直接的表述。另外，在莉莉丝这个被诋毁的远古女神身上，反映了人们内心中尚未被自身感知的下意识状态，这就是父权意识建立初期的曲折反映，人们在不断地扭曲女神的崇高。这个倾向在巴比伦初始女神提亚马特身上也有相同的反映，被认为是从母系社会过渡到父系社会过程中激烈争斗的结果。在女娲身上却没有

19世纪欧洲人绘画中描绘的莉莉丝的形象

军荼利（不动明王）

如此激烈的衍化，看来社会发展的进程，也是各不相同的。于是重合在人观念中的生物性蛇的性质也有了善恶之分。

后世的神像，借助于上古文化中蛇的形象使之更加威猛有力，为的是达到震慑心灵的效果。佛教的密宗经《尊胜佛顶修瑜伽法仪轨》中有曰：“西面门南西方水天神。被甲头上蛇头。手把龙索。”《顶轮王大曼陀罗灌顶仪轨》有曰，“贺野纥里缚大明王”其形状“鼻如猿猴，以蛇庄严璎珞”；另一位神明“无能胜忿怒王”，则以“虎皮为裙，蟒蛇为耳”。《摄无碍大悲尽大陀罗尼曼陀罗仪轨》中描述的“军荼利”形象：“白莲承两足，十二蛇围绕，两蛇在颈垂，二蛇绕两膊。八蛇绕八臂，甚大怖畏相。”这里蛇形象所体现出状态虽然仍与精神有关，已经不是上古先民所赋予的意义了。而在北京著名的东岳庙内娘娘殿中眼光娘娘的头饰为一条双头蛇，两蛇头垂下，于两耳处各向外伸出，吐下一串穗子。人们寄予的是神明法力的体现，还保存有远古巫术的色彩。

眼光娘娘像

有关蛇的风俗在久远的时间进程里，仍然可以看到它们远古的神韵（背景链接七）。中国青海省和甘肃省的河湟地区妇女，做的面食大月饼中心塑一

福建省闽江边上的南平市樟湖镇，至今仍保留着崇拜蛇的传统习俗，明代以来，每年农历正月的游蛇灯和七月初七，古镇都要举办盛大的崇蛇祭拜和巡游仪式，这就是当地蛇王庙的迎神赛会。蛇王庙在当地又称“连公庙”。

蛇王庙是福庆堂的俗称，建于明代。濒临闽江，当地人说这座庙的蛇神姓连，是一只蟒蛇精，传说他来自古田“再见岭”。因此人们多称蛇神为“连公”或“连公爷”，称蛇王庙为“连公庙”。

据说南平樟湖的崇蛇习俗是浙江一带传来的，一直延续至今。他们不打蛇，忌食蛇肉，遇到蛇时还主动为其让路。七夕前夕，村民将捕到的活蛇存放在蛇王庙里饲养，到初七这天，人们将蛇装在“香亭”里上街巡游，众人持小蛇相随，以此祈求风调雨顺、五谷丰登。巡游队伍经过每家每户都会受到热情欢迎。崇蛇巡游后，人们再将蛇放归自然。

福建南平市樟湖镇上蛇王节街景

这样的民俗，就是闽地古越族人崇拜蛇文化绵延至今的遗风。“闽”字即是门内有蛇的象形字，与北方的女娲神崇拜遥遥相对。从现有的热闹场面可以想象古时人们崇蛇民风的炽烈。

这件宋代寿山石雕，所表现的主题并不能确定。他神情怡然，蛇身盘绕在一起，人首蛇身的形象令人想到上古时代的大神

民间有关蛇的面食塑品和图案，都有着源远流长的历史

手抄本《圣经》中钉在十字架上的蛇

蟠桃图案，再捏制一条长蛇，蛇头正对蟠桃，通过献月，祈求生一个福寿双全的儿子。山西忻州、五台等地，以枣糕祭神，枣糕上要用面塑一圈小蛇，当地民众把蛇视为财神，枣糕上塑小蛇有“招财进宝”之意。山东有些地方，春节祭祀神灵和祖先时要摆上面塑的身体成盘状圣虫，祈求财物取之不尽。所谓“圣虫”就是长虫，蛇类俗称，远古圣明的女神竟然转化为财富的聚宝盆。推测大致有两点：一是悠久的对蛇的膜拜心理定位，二是对蛇身体盘绕缠裹的借喻了。

在欧洲，据说摩西把蛇钉在十字架上，象征了耶稣被钉在十字架上。起源自中世纪欧洲炼金术的最初象征，就是一条被钉死在十字架上的蛇，而它所蕴含的寓意与受难的耶稣大体相同。在炼金术的理论中，蛇代表着物质原本不完美的状态，而炼金术的锤炼就是要使物质的原本形态达到完美，就如同耶稣受难后复活一样。“磨难”这个词在炼金术里对应的意义是要经历“腐化”，表示最初的原料在被转化为完美的不朽之物前必须要经历的一个过程。自然中蛇的形象，在这里完全被表述为一个抽象的概念，是蛇自身的形态为人们提供了多变的寓意内涵。

运动感中含有的韵律性线条

尼罗河的源头

蛇不仅代表着神圣和权力，在古埃及的神话传说中，民间的蛇神很重要的职能之一是保护水源。人们相信尼罗河的源头是由蛇守护的。尼罗河起源于洞穴，由荷花和纸莎草为象征的哈比神管理着河水。哈比手里有两只瓶子，从瓶子中流出的水就是尼罗河的源头，一条巨蛇则用全身围绕河神周围，用身躯守卫着河神。由此来看在远古先民的意识里，显示出运动感的有韵律的线条，就可以与蛇有了联系。从直觉的角度看，河流或溪水蜿蜒曲折的形态，的确会令我们联想到蛇的身体曲线。

古希腊神话中，也有很多关于蛇的故事。上半身是美丽的女人，下半身是蛇形状的厄喀德那，在沼泽里被大力士赫拉克勒斯所杀的九

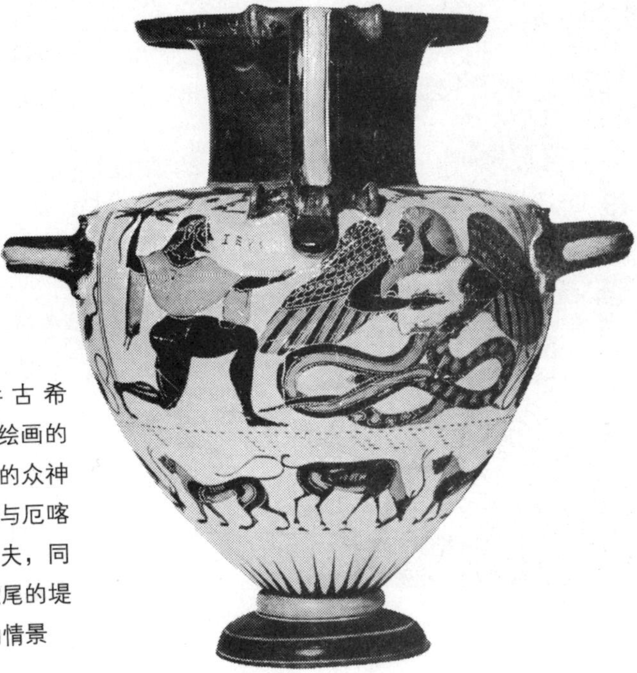

这件古希腊陶瓶上绘画的是神话中的众神之王宙斯与厄喀德那的丈夫，同为人身蛇尾的堤丰大战的情景

〔瑞士〕阿诺德·勃克林《美杜莎》

古希腊《雅典娜像》

头蛇许德拉，就是她的孩子。古希腊的艺术家以及后来的艺术表现，绝对不会错过蛇形的线形之美。

在行吟诗人的口中，也向人们形象地描述了被砍下妖女头颈上的鲜血，如何在狂风中飘落到沙漠上的情景，这是人类潜意识中对曲线形式产生“美”的偏好。

著名的**美杜莎更是以一蓬蛇发惊惧人心（背景链接八）**，传说她被宙斯之子珀尔修斯杀死后，美杜莎头颅上滴下的血落在利比亚的沙漠里，就化为了毒蛇。从线形的角度看，滴淌的鲜血与毒蛇之间的转化，无疑有一种流动的韵律，而且具有一种诡异凶险的刺激感。在神话中，蛇发女妖美杜莎的双眼能令直视她的所有生物变成石头，珀尔修斯将这颗头颅送给雅典娜，被她嵌在神盾埃癸斯的中央。古代希腊的战士们也在自己的盾牌上铸造出美杜莎头颅，来震慑对手的精神，女妖蛇发曲线的运动感，又促使战士精神紧张起来，也传递

美杜莎这个神话人物，尽管被人们视为邪恶的象征，其实在她身上也有很浓郁的悲情色彩。先是因为其美貌被海神波塞冬强奸，后来又被雅典娜诅咒，成为后来的样子。这反映了上古母性文化结构在父权社会结构中，被改写的一种意识形态。蛇被刻画为邪恶的象征，美杜莎的眼光也就有了可以把人变为石头的冷酷。但是，在人类的文化传承中，蛇形象以其抽象的形式因素，还是被人们不断地在艺术的表现上不厌其烦地演绎着，在不同的时代产生出精美的作品。

印第安人建筑上衔蛇的头像

此画传为意大利画家达・芬奇所作

〔英〕 约翰·威廉姆·沃特豪斯《拉弥亚》

给人这种潜意识。

又如宙斯众多情妇中一个情妇拉弥亚，就是半人半蛇的形象，她蜕去蛇皮，就是一位妖冶婀娜的美女，蛇移动的律动与女人美妙的形体曲线，在人类的审美感觉中完美地结合到了一起，这种艺术魅力，只有在天神主宰宙斯那里，才是一种应得的享受。后世的观念认为拉弥亚是诱惑者，面对这样的诱惑，想获得某种幸福，只能是一种恩赐了。其实，这也符合对“艺术”的一种定位，艺术家都是流浪着的，被诱惑即是一种成功。因此在西方社会，很多母亲都会用拉弥亚的传说恫吓孩子，也许全世界的父亲都会带有无奈的心情看着自己的孩子去从事艺术。人们的潜意识中或许都可以感觉到艺术中隐藏着一条充满诱惑的蛇，它或许会给接近它的人带来灾难。

人类对曲线的认识与理解，很大成分源自蛇身的抽象形式。可以说自远古先民开始，人类就对蛇赋予了独特认识与意义，使其成为上古文化一个有机的重要组成部分，随着人类的文化进程，不断地糅进丰富的文学形象和精神意蕴；同时也紧密地结合着不同时代的审美趣味，融进日常的生活中，使我们在纷繁的文化史中俯拾皆是，从美术

〔英〕赫伯特·詹姆斯·德拉佩尔《拉弥亚》

近代欧洲艺术家们对拉弥亚的题材，进行了重新解读，蜕去的蛇皮像丝绸一样缠绕在身上，而拉弥亚这个人物也更像置身于景物的画室中的模特儿。

考古的角度，也为我们提供了大量的原始材料。

综合学者们的研究，中国古代越族的印纹陶上的几何纹饰所代表的就是蛇和蛇皮的花纹，这种纹样起源于蛇图腾崇拜。具体归纳了11种常见的纹样，云雷纹是由蛇身盘曲形状的简化，S纹蛇身扭曲简

远古先民绘制在陶器上的图形，无疑令我们联想到蛇的各种形态

化，而菱回纹、波状纹、曲折纹、叶脉纹、三角纹、编织纹、篦点纹、圈点纹、方格纹，分别是蛇身花纹图案化、蛇身爬行状态、蛇脊骨形状模拟、蛇身斑纹或蛇皮鳞纹的简化。这种文化现象不仅在陶器上有，在人体上也有（文身），在蜡染布、刺绣品和青铜器上都有发现，而且地域广泛。正是很方便地就近从蛇身上观察到充满韵律性的抽象变化，从而丰富了远古先民的艺术表现手段，使他们在形而上的意识层面，得以概括归纳出适合自己精神需求的形式因素。

据说在爱尔兰的某些地区，蛇类露天盘卧在地上，被严寒的冬天冰冻起来，看起来就如一个个圆形的靶心。当地居民把它们捡拾回家，在雪地上排列插置成“篱笆”。翌年春天冰雪融化，苏醒了的冻蛇便悄悄溜走了。人类在不同的自然环境中，表达着对蛇曲线美的欣赏，这种已知的身边的和谐韵律，在上古时代还会以什么样的方式，在更为广泛的区域里发生，我们是无法推测的。但是这样的现象，一定会深刻地影响并丰富着人类的审美趣味。因为无论是平面的还是立体的形式，物体的动感变化会给人的感官带来新鲜

马耳他巨石神庙中蛇盘的图像

的视觉刺激，人类会在这个认识的基础上，创造出更为丰富的“艺术”。

其实在更为久远的上古时代，人类已经在巨大的石头上凿刻出表意的象征，如在马耳他的巨石神庙上就刻画有螺旋状的圆圈，并赋予神秘的意义。有研究者认为远古先民是标示星座的坐标，或具有巫术祈祷的作用，其实这些猜测都不妨碍我们的确认，这些图形来自对蛇形态的直觉观察，因为只有蛇是人类生活中常见的生物，而它自身所带有的复杂习性和独特的形式因素，也就成为人对抽象事物联想与认识的媒介。

埃及史前陶罐上绘制的波形和螺旋形蛇图像

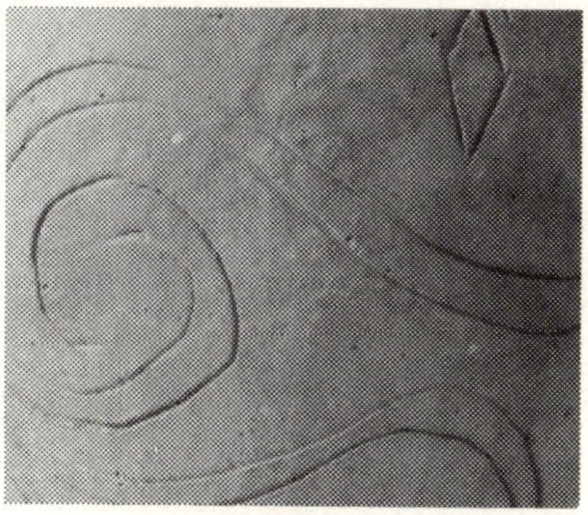

中国原始陶器上刻画的象征蛇图像的螺旋纹

另外，在中国古代的官服上也有蛇风俗的体现，皇帝穿龙袍，宰相穿蟒袍。明代沈德符《万历野获编》云：“蟒衣，为象龙之服，与至尊所御袍相肖，但减一爪耳。”人们在设计龙与蟒的图像时，也都包含了蛇的意蕴。这种形式辉煌的中国古代龙蟒图案，在汉代的画像石上就有了明确的反映，龙的身体在拉长。春秋时期的帛画中同为龙蛇类的神话动物夔的形象，就更类似于蛇的扭曲变化了，它与一曼妙的妇人同置一画，其义也是众说纷纭，但是基本元素可以解释为展现精神的魅力，这种方式对于古人来说，具有实际的功用。以今天的视角看，其美学或言艺

战国龙凤人物帛画

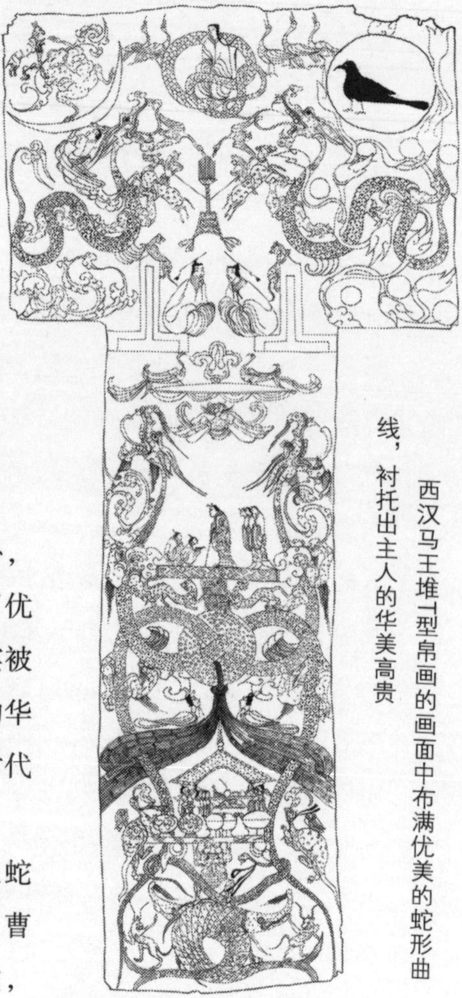

西汉马王堆T型帛画的画面中布满优美的蛇形曲线，衬托出主人的华美高贵

术化的巫术之美更是人们关注的。另外，西汉马王堆T型帛画的画面上也布满了优美的蛇形曲线，画中描绘的巨蟒也确实被设计得富有装饰性，环绕衬托着贵妇的华美，这种艺术性的表现，带有浓厚的时代色彩，反映了那个时代人们的精神意识。

最为有趣的是古代传奇发型“灵蛇髻”，其创制还带有玄幻的神话色彩。曹魏文帝之妻甄后编梳的一种奇特发式，

（唐） 吴道子（传）《八十七神仙图卷》中的灵蛇髻

据宋代佚名著述《采兰杂志》所载："甄后既入宫，宫廷有一绿蛇，口中恒吐赤珠，若梧子大，不伤人，人欲害之，则不见矣。每日后梳妆，（蛇）则盘结一髻形于后前，后异之，因效而为髻，巧夺天工。故后髻每日不同，号为灵蛇髻。宫人拟之，十不得一二也。"帝后甄氏模仿蛇弯曲盘绕的形态，设计出种种别致的发型，可以每日不同，被宫女们模仿，多数还不像样。灵蛇髻是一种富于变化的发髻式样，随着梳绾方式的不同而衍生出各种式样。如拧旋式梳编法，是将发分几股，似拧麻花一样把发盘曲扭转，盘结于头顶或两侧。这种发式灵活旋动。拧旋式也有各种变化，一般有侧拧、交拧、叠拧等几种形式，更显出美人的姿韵。经过不断地流传变化，再在发髻上加饰物摇簪、花钿、钗镊子或插鲜花等，为带有动感的线条填加了丰富多彩的文化内涵。

女人是长久以来人类审美的一个主要的部分，女人的风韵借助灵蛇所体现出的独特风韵，成就了一个时期审美的潮流。曹植在他的名著《洛神赋》里对有倾城之貌、善绾"灵蛇髻"的甄宓有如下的经典描写："其形也，翩若惊鸿，婉若游龙。荣曜秋菊，华茂春松。仿佛

迈锡尼壁画中女子的奇特发式也称为"蛇装"

兮若轻云之蔽月，飘飘兮若流风之回雪。远而望之，皎若太阳升朝霞。迫而察之，灼若芙蕖出渌波……”

曲线的灵动变化，是人类世界所独有的精神享受的主题，我们考察一番上古以来人类所创造的各种图像，就不难发现这一点。善绾“灵蛇髻”的甄后是否如宋代书中所言，因为见了灵蛇而想到不同的新颖发式，这并不重要。在人们的心中，美人的婉约风韵与蛇的委婉之姿交融在一起，总是要为视觉的艺术魅力加分的。

自然中蛇形闪电

周代《诗经·召南·羔羊》中有“羔羊之皮，素丝五紽。退食自公，委蛇委蛇”句，“委蛇”即是“逶迤”，洋洋自得状。毛泽东在其诗《长征》中有“乌岭逶迤腾细浪”，“逶迤”的直接表达是山路艰险，也是对蛇形态的一种刻画。诗中也有对战士精神风貌的借用，这就是迁想妙得，形象思维不被逻辑规范的一个很好的例子。在毛泽东的另一首词《沁园春·雪》中吟道“山舞银蛇，原驰蜡象”，先不谈及诗句中的形式因素，诗人在两首诗中都用蛇来形容山势的变化，或者说作者在群峰的起伏中，见到了他心目中的灵蛇。宋代的大诗人苏轼也在《望海楼晚景》中写道“电光时掣紫金蛇”。在他的另一首《游道场山何山》中写道“青山忽作龙蛇盘”。

造型艺术的灵性其实不是来自文字的阐述，文字可以告诉人们什么是艺术的创造，它是艺术创造的媒介，通过这个媒介在头脑中形成意象，但不是艺术创造的必需手段。古代的图像作品能很好地说明这

内蒙古召湾汉墓出土釉陶樽纹饰

一点，它们没有留下文字，但是通过其大量作品，直接告诉了人们对文化背景的演绎，可以创造出多么辉煌的艺术。

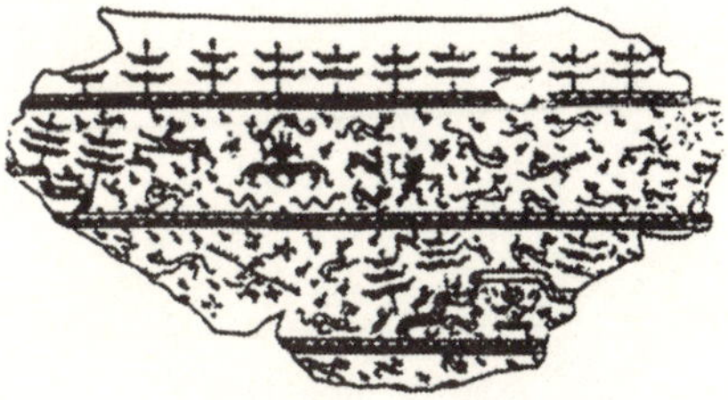

淮阴高庄战国墓出土

远古文化基因包裹的魅力

1978年，江苏淮阴高庄战国墓出土了一批珍贵的刻纹青铜礼器，器上刻有繁缛复杂的山林、禽兽、怪异的神明及巫师的形象，这些纹饰为我们提供了大量与上古巫术有关的图像资料。纹饰中刻画的弄蛇巫师的形象就大致可以分为九种：1．巫师发式为两簇分立，两耳珥蛇，双臂展开呈奔跑状；2．巫师发式作极高的直立柱状，很可能是在模仿通天神树，发柱上端左右饰两蛇，两耳珥蛇，双手分执两蛇，开口微笑作行走状；3．巫师发式及饰蛇、珥蛇情况与2相同，唯双手似分执两鸟；4．巫师头上无发，头顶饰交缠的两蛇，双耳珥蛇，双手执蛇，呈站立状；5．巫师发式为

曾侯乙墓中漆画上神人与蛇的图像

两簇分立，双手各执一蛇，呈蹲踞状，姿势与“虎食人”纹中之巫师大体相同；6．巫师发式为两簇分立，左手执一蛇，右手执一斧，呈行走状；7．巫师发式呈三尖状，两耳珥蛇，双手各执一鹿的鹿角；8．巫师头顶无发，头顶饰两飞鸟，两耳珥蛇，双手各执一兽尾部，双足各踏一蛇；9．巫师头戴三尖形冠，身着长衫，双手叉于腰间，两耳珥蛇，两足分踏一种大型四足爬行动物的尾部。

人类的文化史确定无疑地显示，自身因为各种缘由，一直被蛇所缠绕，这种现象有令人惊悚的预言者拉奥孔的遭遇，也有被其庇护下兴盛的王国。在中国云南，古代有一个谜一样的古滇国，史学家们只是模模糊糊在史籍里见过它的身影，但是它在现实中早已消失得无影无踪，所幸这个王国的遗物近几十年来在云南滇池与抚仙湖一带有大量出土。目前人们仍然不了解这个国家的结构，它的统治者与臣民的状况也隐藏在迷雾之中。

1992年，考古学者对江川李家山古墓群进行大规模考古发掘，总共清理59座古墓葬，出土青铜器等各类文物2173件。出土了大批具有古代滇人文化典型特色的青铜器文物，因而被评为当年的中国十大考古发现之一。在这批出土的青铜器中，蛇形的青铜器物占有第一的位置，给人突出的印象这是一个蛇的王国。

可以说世界上没有一个地区的文化进程有古滇国这样的状态，会

青铜房舍模型

汉朝所赐金印

奢侈地用青铜材质做农具，并且在这些青铜器具上铸有精美的纹饰。面对这个古代王国的遗物，更感觉其上笼罩着神秘气氛。这个王国的精美器物上多铸有蛇的形象，连当时的西汉中央政府册封的“滇王之印”的金印上，也被铸造上一条盘踞的蛇，被称为“蟠蛇纽”。

青铜长方形孔雀边扣饰

古滇人用蛇形象装饰青铜器反映了当时社会的各个侧面，如战争、生产、生活器具和装饰物。兵器类的有“蛇头纹钺”“蛇头形剑”“蛇头剑柄”等；生产工具类的有“蛇头銎铲”“蛇形镂空器”“蛇头纹叉”等；生活用具类的有“五牛线盒”“六鹿铜锥”等。还有就是工艺精美的装饰品类，如“长方形蛇边扣饰”等，祭祀活动类的各式贮贝器上，也几乎都有蛇的图像存在。

滇国双牛交合扣饰

青铜人与牛扣饰

青铜器上的蛇形象根据造型手法的不同，还可以分成圆雕类，如“杀人祭铜柱贮贝器”中缠绕在铜柱上的蛇，“铜鸳鸯身上盘绕的四条蛇”等；浮雕类，常见于“五人缚牛扣饰”“二人猎猪扣饰”“三人猎豹扣饰”等众多扣饰的底部，都雕塑有蛇形象；平面类，多见于装饰在各种器物上的蛇纹，与其他

青铜镂空器

青铜孔雀与蛇扣饰

青铜猎鹿扣饰

青铜二豹噬猪扣饰

青铜八人猎虎扣饰

几何形纹饰组合成完整图案，如“神面纹扣饰”；还有铜锥、铜枕、铜戈、铜斧圆銎、剑柄等上的蛇纹饰。其他还发现大量漆木器上彩绘着不少蛇纹。

这是一个令人难以想象的国度，蛇的形象遍布这个国家的方方面面，它曾经源于什么样的文化传统？这一切都需要深入地了解。

从“二豹噬猪扣饰”上可以想见这是一个崇武尚勇的民族，塑造的是两只豹子与野猪搏斗的场景，其下有一蛇，尾缠猪腿，嘴咬豹尾。有很多以扣饰形式出现的场面，都表现了激烈的生存竞争，也显示出滇人性情的剽悍，如“三人猎豹扣饰”青铜雕塑的是三人二犬与一豹搏斗。一人跃踞豹背，右手一匕首直插豹身；一人双手紧抓豹尾，豹子拼命挣扎，两爪紧抓另一人腿部不放，其嘴咬人肩；两只猎犬，一只咬住豹的腹部，一只咬住豹的爪子。这个场面的下方是一条蛇，口咬一人的长头发，尾巴缠绕另一人的腿部。从青铜雕塑本身来看，艺术表现手段娴熟。这是一

四人缚牛扣饰

个有着高度文明水平的国家，而且也不是以一件或两件作品为标志的。无论是雕塑形象的运用和繁复的结构形式，也都见到蛇的身形缠绕其中，几乎是达到了高超的程度。

“四人缚牛扣饰”中一牛颈套绳索拴于柱上。四个跣足滇人，一人拽牛尾，一人被挑于牛角之上，一人去拉牛颈绳索，一人从柱后拉紧绳索。这四人和牛都站在缠绕在一起的两条蛇身上，一蛇咬住拴牛绳索，一蛙坐于蛇头上。这件扣饰中戏剧化的主题情节与处在次要位置的蛇的关系，同众多的其他扣饰一样，它们的构思都是被创作者整体设计出来的，赋予特定的意义。绝不会是因为单纯的技术原因，或者只是为了装饰的美观。

对年代大致为西汉时期的“四人缚牛扣饰”青铜雕塑中一蛙坐蛇头上，我们注意到这里的两条蛇是缠绕在一起的。而另一件出土于辽

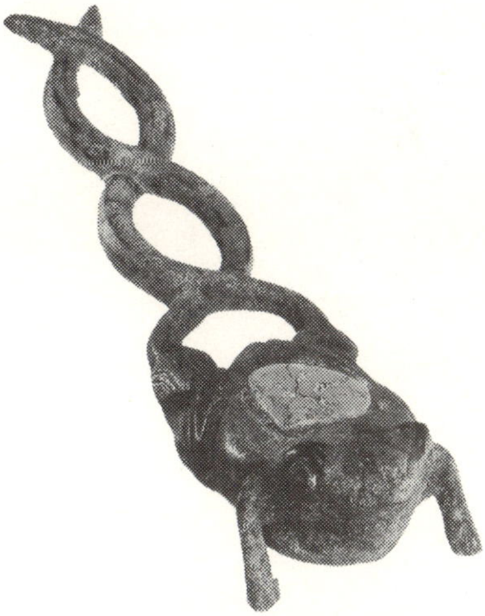

双蛇衔蛙带饰

饰有蟾蜍纹的青铜矛，蟾蜍身上的螺旋纹象征蛇纹

宁省三官甸村的东周“双蛇衔蛙带饰”竟然也是极为类似的造型。这两个出土地点可以说是南辕北辙，却带着很大的相似性，如果看年代，从东周到西汉，时间上还是有连接关系的，在这样大范围的地域空间中，必然有类似的文化观念，才能有相近的物品出现。如果做出假设，上古女娲文化观念的形式因素，在不同地区的观念衍化是最大可能。在另外一个地点晋宁县石寨山出土的“蟾蜍纹矛”的蟾蜍身上饰满了螺旋纹，这种纹饰是盘曲蛇纹的抽象。从原始陶器上也不难看到蛙与蛇共同演化成抽象形式的证据，因为蛙与蛇共同具有繁衍繁盛的寓意。

古滇国的区域不大，人口也不算众多，推测应该有几万的民众。《史记·西南夷列传》记载有这样一段对话，滇王问汉使者：“汉孰与我大？”现在大体已经知道古滇国是一个封闭的以农业为主的社会，这样的客观条件有可能一直完整地保留着上古的剽悍民风与习俗。因为物质条件的丰富，文明在当地诸多客观条件不利的状况下，自身就日益趋向高度发展，呈一个倒金字塔的态势。威权与宗教意识却仍然保持着自由而松散的自然状态，没有紧密结合为一体，这也为艺术的自由表达方式提供了很大的空间。

古滇国出土的众多青铜遗物中都有蛇的造型，几乎是一个绝对的

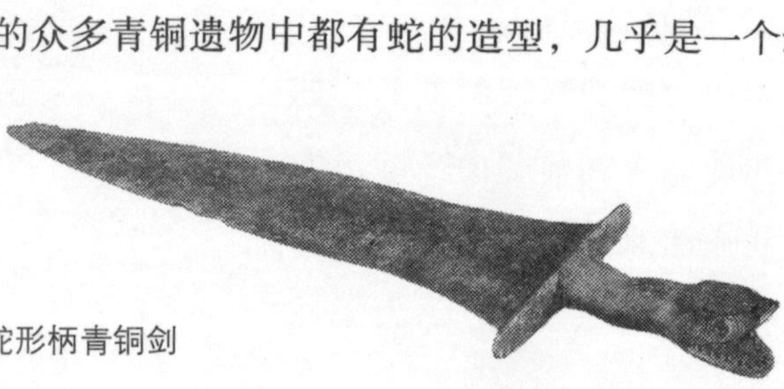
蛇形柄青铜剑

特色。蛇造型的表现手法也有很多种，有的是独蛇圆雕，有的是二蛇盘绕，有的是三蛇相缠，有的是四蛇浮雕，还有八蛇组合圆雕。它们在构图方式上，则表现为连接与衬底的作用，仿佛滇国久远的历史文化背景，如“神面纹扣饰”和“四人缚牛扣饰”所蕴含的那样。

蛇本来是古滇人原始宗教观念的象征物，如表现杀人祭铜柱贮贝

青铜神面纹扣饰

这个扣饰是对实战武器盾牌的模仿吗？扣饰上周圈饰满蛇形纹饰，中央是圆睁双眼的神面，令人想到雅典娜的盾牌。

器上所展示的场景，有祭“铜柱”“铜鼓”的仪式，铜柱上盘绕着蛇，还有捆绑着准备献祭的人。因为经济的发展，使上古以崇蛇的图腾崇拜的风俗得以泛滥，同样是因为经济的发展，逐渐丧失了对它的依赖。例如蛇代表土地与丰收，人们对它的祈祷，来自自然条件的不稳定。如果很长的时间里收获一直是超出人愿，蛇的形象就会逐渐失去神圣的地位，并在审美为主导的心理需求中，作者创造的作品会适时地弱化它的内涵，更注重强化其形式因素，以突出其扭动的运动感并起到衔接和平衡整体的效果，更大限度地追求艺术性的表达。这个过程不断地延续发展下来，出现了古滇人在青铜艺术上，**以蛇所表述的复杂状态即成为必然（背景链接九）**。

单从艺术的形式因素来看“青铜二人盘舞扣饰”，是一件构思非常精巧的作品。两个人物张开的双臂与腰间佩戴的长剑，形成了三组倾斜的平行线。他们身躯与腿的曲折变化，穿插其中，丰富了形式因素，下面流线型的蛇，又为这种舞蹈情景增强了韵律感，是蛇编织起了这个向上的开放式的构图，烘托了活跃而欢快的气氛。

青铜二人盘舞扣饰

“青铜牛头铜饰”如果没有附加上两条衔在牛耳上的蛇，基本上是一个倒金字塔的形状。四只牛角组合在一起，都是呈向上的弧线，作者在大牛小牛之间做了诸多的叠加和身形的变化，可以说仍略显单调，加进两条蛇的

青铜牛头铜饰

古滇国青铜鼓

从古滇国出土的“杀人祭铜柱贮贝器”上表现的场景看，这是一个以母性为主导的与蛇形象有关的祭祀场面。它真实地向我们印证了以蛇为寓意寄托的社会结构，牢牢地控制着人们的精神。蛇的形象也就很自然地进入艺术表现的领域，以至我们见到的遗留物上，很多都带有蛇的形象，虽然已经流逝其崇高的内涵，但是仍然在思维定势上起着不容忽视的作用。这是上古遗留下来的社会意识的典型表现。

青铜鼓上的雕塑场面局部

古滇国青铜鼓上的雕塑场面

线形变化之后，不但构图饱满，也极大地平衡了构图上的失重感。有些扣饰中蛇的位置是置于作品的左下侧或右下侧，就是为了使构图饱满而设计的。

在“青铜摽牛扣饰”这件作品所表现的含有宗教巫术寓意的场面中，蛇也只起到一个底托的作用，也更加印证了在那个时代蛇崇拜的观念在人们心中已经不是绝对权威了，它除了宗教上的象征意义以外，其形象在世俗上的影响已经相当地无足轻重了。然而从高高低低的人群头上，仍可以察觉到一条蛇形曲线盘绕在虚空中，这应该是创作者的无意组合。但是，我们相信文化的深层基因还是会在人的潜意识中起着不容忽视的作用。

历史本身就像一条蜿蜒前行的蛇。

当今的发型中也有一种被称为“蛇妆”的发型，卷曲的长发呈一条条将被拉直的弹簧状，这种发式或许也是从蛇的形态、动作得到启发创造出的审美意趣，或许只是人们富于联想的特质，将所有类似于蛇形的曲线都与蛇发生了关联。艺术的曲线之美，在我们的文化审美经验中，糅进了多少人类自身对蛇的关注与体验。这样的问题实在是无法说得更清楚些，这个问题太庞杂了。

青铜摽牛扣饰

后世艺术形式中隐喻的蛇图像

导语

从远古先民遗物上保留的画面来看，他们的抽象概括能力是相当强的，可以把自然中的具象特征演化为抽象的几条线，并且表现得匀称而富有节奏。这是上天赋予人类的抓住事物本质的能力，还是因为社会结构形成初期简单和单纯的生活现实造成的，尚待深入探讨。因为有众多考古实物的证据证明，远古先民崇尚简约抽象的形式，是一个明显的事实。如果说蛇类的形状和其运动时的曲线，与人类原始宗教的形象思维结合到了一起，潜意识中对这种契合的默认，极有可能演化出远古先民最为普通的情愫。也就引起了原始文化时期最为普遍的文化心理共鸣，强化为人类整体难以抹去的心理记忆，随之转化为对“美”的基本认识。这种假设有可能成为人们探讨美学的另一个途径。

观念表达中的艺术性

人们通过作品讲述优美的故事、优美的场面或美妙的心情。可能它与我们完全无关，或者观者根本就不知道那个图像中描绘的是什么意思，我们莫名其妙地就被吸引了，这就是因为艺术性的关系。它与形体、色彩、明暗、点线的具体处理相关，其实还与人类的文化传统基础相契合，同时也与人类的先验的精神积累不无关系。这就不得不提到人类整体文化心理的发端，其中的因由应该是我们多加思考的方面。谈到这些待解之谜，就像说到宇宙诞生时的那一刻，它的爆炸留下的痕迹，经历了数百亿年，直到今天还是被天体物理学家们发现了，并深入地研究它的成因和其后来所形成的绚烂的视觉震撼，从美学的角度讲，这也算是宇宙美学的核心价值了。

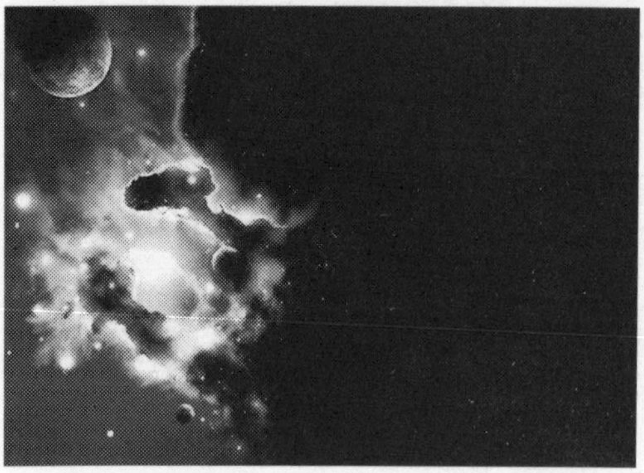

宇宙奇观

任何有意义的理论解析，都存在着认识上的误读，这是不可避免的。

人类对弧线形式的偏好，从生物学的角度

奥地利奥林多夫母像

由古老的奥林多夫母像联想到马耳他有关巨石神庙的建造流传的一段故事。一个哺乳期的母亲用一盘豆子在一夜间建成一座神庙。研究者也发现石球同搬运巨石之间的关系。应该说这则传说直白地表明，人类的哺育所带来的巨大创造力量。女性的乳房在原始人雕刻中如此凸显，也是一个明证，诱惑、美妙的曲线是同繁衍能力联系在一起的。

看，是男性对异性形貌的偏好引起的吗？因为父权社会的审美主导，要从富有流线型的女人中遴选出符合其审美经验的美女，必然形成一种原则，而这个导向在精神层面和生理进化方面，起着诱导的作用。其实从创造于母权社会的奥林多夫的母像上，我们已经能清晰地辨认出美的标准，弧线的运用：第一位的是与妩媚相关——婉转的诱惑，第二位的是与生殖有关——丰腴的机体。因为以繁衍为最高的道德标准，在精神与心理的双重作用下，也使弧线充满了动人的魅力，成为人类审美精神机能中不可或缺的一部分，这样的认识是有充足理由的。

我们也发现，人类文化精神中因为蛇这种生物的深度介入，不由得令思考复杂起来。

如果要问蛇在多大程度上改变了人类的思维方式和文化面貌，这是一个很难回答的问题。的确我们根本就找不到一个悠久而伟大的人类文明里没有蛇的身影，并且这个生物的影像，还是以绝对重要的角色出现在辉煌文明的视野中。这里我们就要问了，是蛇的形态左右了人的审美心理，或者说是女人与蛇的形貌共同左右了人类的文化审美？这个韵律之美是在什么时间点上重合的？因为人类的许多祖先繁衍神话都有蛇的参与，审美在那个久远的时期就已经开始了吗？人类在上古懵懂中艺术性地表达里就有蛇的因素吗？这一切很难说得清楚。但是现在我们明确地知道，在6000年前底格里斯河与幼发拉底河的美索不达米亚平原地区，出土的苏美尔人的容器上，就装饰有双手持大蛇的人像浮雕。苏

出土的苏美尔人陶钵

美尔人的圣杯上也刻有蛇，蛇象征着大地丰饶女神。

蛇类以不同的角度与面目，在并不算长的人类文化中展示着自己的魅力。

在印度的古代史诗《摩诃婆罗多》中借故事的场景记载了一场蛇祭：

《摩诃婆罗多》插图

"祭司们身穿黑色衣服，有条不紊地进行各自的工作。他们口中念诵曼陀罗（咒语）。把酥油倒入熊熊燃烧的烈火中，咒语的声音使所有的蛇类魂飞魄散、胆战心惊。随后，借着曼陀罗（咒语）的声波，众蛇不由自主地纷纷从四面八方来到祭祀现场，极其痛苦地投入炽烈的祭火之中。它们的身体可怜地蜷曲着，彼此之间不停地发出呼唤。它们当中，有白有黑有蓝，且有的年迈有的幼龄，种种不一的哭嚎声令人生畏，也都纷纷落入闪光的火焰中。数十万、上百万成千万的蛇落入火神口中，给众生灵带来一片惊恐。河水漂浮着蛇的骨髓与蛇的脂肪奔流而去，烧蛇的喧嚣之声，响彻四方。"

这种对蛇的屠杀，就像在描述对人的屠杀，人的巫术已经将蛇与人紧密地结合在一起。我们确实很难设想，人类当初是因为什么复杂的原因把蛇这种生物以不同的角度"设计"到自己的文化进程中的。

从文化史的考察看到，艺术在人们对它有了理性的认识之前，已经确确实实地展示了自己的魅力。准确地说，艺术的展现一直伴随着文化的发生与发展，它渗透到了生活中的各个层面。因为它不曾被原始先民所界定，所以较之巫术的发展与应用，更带有广泛的随意性。

而这种现象，又被当时的人们所时时忽略，这种被普遍生活化的艺术性，在发展到某个时候，就成为后世人们刻意表达的艺术观念或观念艺术。

现在从文化的角度看，艺术同巫术一样具有相同的性质，是一种生命方式与生活方式，包含了灵性的诡秘，又是一种不能用日常生活表述得十分清楚的东西。在幻觉状况下创造出的带有图式化的表现方式，都会左右着人们的情感形式与思维方向，从而为人们寻找到适合自我的精神形式。这就是为什么从上古时代开始，人因为游戏的模仿而达到功利的实用目的的起因，也是人类用雕塑或以绘画的方式，将他们所要猎获动物的偶像安置或描绘在洞穴中的基本缘由。

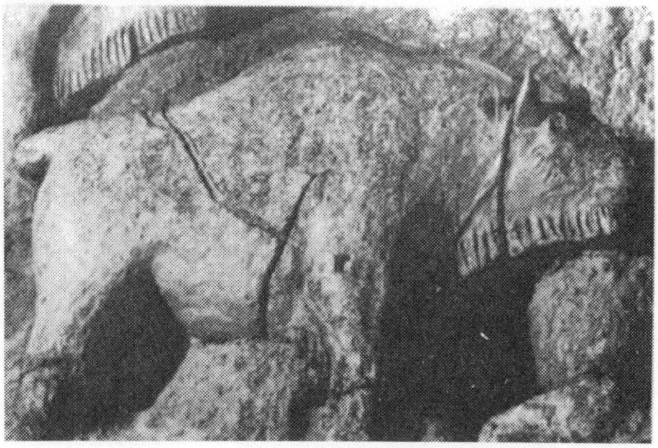

法国南部比利牛斯山脉洞穴中的野牛雕塑

所以说在人类所创造的作品中逐渐注入精神性的氛围就是一个必然的过程。生命本身体现出的梦幻与综合性的创作是对幻象的进一步肯定，这个刻意为之的状态就是在努力完成对思想愿望的表达。例如把某物塑造得酷似它参照的对象，以模拟替代原本某一物体。如何使它们看来像某物象，从这个角度说再现的方面就是艺术的表达方式，同时也包含了艺术的观念。这时是艺术的实用性中兼具了美观的特性，客观地说适合的美观被赋予了更大的自由性与灵活性，单举蛇在原始艺术中的变化即是实际的例子。

促使人们对生活持单一认识的心理原因，就是渴望获取其内在力量，将其形式转化为用艺术手段对这个观念进行塑造，很多时候是以图式重合的方式获得的。所以，我们看到上古图像中许多诡异荒诞的造型方法，形成不可理喻的思考特征与行为方式，或奇幻或狞厉，或规整或铺陈，正反映上古人类执着的思维方式。艺术不露声色地和巫术紧密的结合，建立起了严整的有关天、地、人的系统观念。

奇琴伊察巨大的石雕蛇

观念的产生都有封闭性和相对固定的特征，如中国人对天的解释，就用创造抽象的概念来设定象征，使它带有完全独自存在的意义，“天”成为一种意志的代表。反之，用自然物象征观念，就会使观念附加到象征物上，于是模糊了它的自然属性，成为来自精神幻想观念的自然托付物。这样的精神白日梦，以仪式的形式固定到人们的实际生活中，白日梦状态的艺术性也就以带巫术色彩的方式夹带进对生活质量的要求中。因为心理期盼而产生的诸多原因，往往会点燃人群的狂热情绪，例如发展成人祭、血祭或杀牲等等极端的做法，它本身就凝聚了巨大的力量，寻求释放这样的能量来推动社会的运作。

履行仪式是一件庄重而严肃的事情，因为它本身是一种对未来的护佑与预测，是被祈盼焦灼的亢奋。在人类的原始时代，例如重要的围猎、农耕与征战等等，人们会怀着真诚的狂热，等待祭祀一刻的到来。在这种状况下选择艺术性时，就需要对精神有更为强烈的刺激，展现为一种非同寻常的手段，可以形容为生命本身创造欲的极大释放。其方式被认定是一种极端艺术化的巫术仪式。血祭和活人献祭就吻合了此时的心理需求。

玛雅王与王后身着盛装，王后用绳子穿舌沥血进行祭祀

巫术的内核是精神观念，形式的展示即是可选择的艺术表达。古代印第安人的玛雅王与王后身着盛装，自己用绳子穿舌，沥出鲜血进行祭祀，以赢得神明的青睐。这个行为虽然残忍，但比活人献祭更富有操作性和艺术化表达。一个更为典型的例子，是阿兹特克人在奇琴伊察羽蛇神庙的祭祀，祭司在庙顶用精细磨制的黑曜石刀剜出活人尚在跳动的心脏，高举起献给太阳神——它也是羽蛇神的象征。据说高耸的金字塔石阶上，献祭者凝固了的鲜血像静止的瀑布一样，这是当时人的观念艺术吗？从本质上说，是在人们心中艺术化的献祭者的鲜血推动了当时社会的繁荣。

古希腊瓶画中的蛇盾牌

观者头脑充血的快意成为强悍的心理积淀，那条蛇也就成为无可替代的偶像。杀生嗜血的心理图像，这种极端的文化记忆往往会刻进心理的深层，经过时间的多种方式交合转化，抽象为人群共有的潜意识，变化为广泛的艺术性表现

就成为可能。前面谈到的是一个极端的现象，有助于了解艺术性如何在强化观念的过程中所起的作用。关于蛇在文化历史中的真实存在，会以何种方法在人类的记忆里保存，使得自己的形式因素得以潜隐下来，有待我们的考察。

人类对美妙曲线的迷恋

南美洲玛雅人的权杖是这样的：它一端被雕成人形，而人的一条腿化作蛇身成为杖身，另一端雕成蛇头的形状。再看一看中国清代施鸿保在《闽杂记》中描述福建福州的农妇“多带银簪，长五寸许，作蛇昂首之状，插于髻中间，俗称蛇簪”。尽管这两个物件被赋予的意义截然不同，但是它们都与曲线形发生了联系，权杖的杖身是一条蛇，簪子的蛇形插在盘起的髻间。人们无意间想尽办法，显示蛇与曲线之美。

至今在印度的某些部族和非洲的部落中依然有用蛇装饰人自身的习俗。在古代这一风俗流传的地域非常广泛，如印度人以“蛇笛”吹出旋律“耍蛇”，用声线的起伏引导蛇的身体摆动，这是一种传统久远的神圣表演艺术，具有长盛不衰的魅力。据印度佛经记载，早在公元前3世纪，这种专业表演艺术已广为流行。另外婆罗门教的主神湿婆

印度的耍蛇人

颈上常缠着一条护法的眼镜蛇。

在民间亦有将蛇作为装饰的风俗习惯。非洲索马里西北部卡西拉米村有一种用活蛇做耳环的习俗，它是当地妇女们最喜爱佩戴的首饰。此耳环就是一种体型细小的蛇，蛇纹的颜色和人的肤色相差无几，加之它处于休眠状态，任人摆布。在喀麦隆西部有一种铅灰色的细如手指的银枪蛇，当地妇女将它的毒牙拔掉，扎成小圈，垫上衬条系在耳垂上。它还不时昂起头，吐出火红的舌头，这是一种更为鲜活的蛇耳环。对蛇的曲线审美需求达到了如此极致，令现代文明很难想象。

世界卫生组织的图徽中亦有一条蛇，源自古希腊医神阿斯克勒庇俄斯的权杖，蛇类蜕皮重生的特性被象征为“医学智慧”。蛇杖被用来象征医学，而古希腊阿斯克勒庇俄斯的女儿许癸厄亚则是希腊的健康女神，手持一只药碗，碗上同样缠着一条长蛇，寓意“药学”。

阿斯克勒庇俄斯

许癸厄亚

人类对曲线的迷恋，最初是否来自对蛇的崇拜，这是一个可以深入探讨的问题，它涉及人们最初对形式美的认定。有一点是可以确定的，观念的内容决定了对形式的运用，自然崇拜物的形式因素，会以极大的张力被人们的心理接受，也会在潜意识中运用到对其他形式的

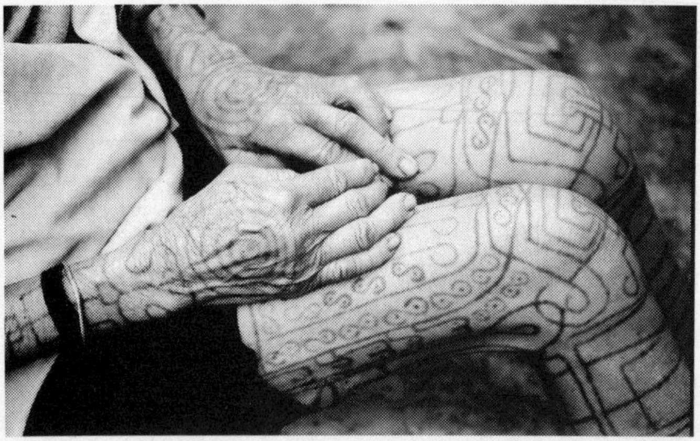

中国海南岛黎族文身习俗中的S形线就含有蛇的情结

创造之中，以现在的角度看，已经成为传统的一部分。英国画家、美学家威廉·荷加斯就认为美最大限度地蕴藏在精确的曲线之中。米洛岛的维纳斯周身布满富有魅力的“S”形曲线，而这种曲线形式也是蛇形线的一种。这尊古希腊人的残缺雕像之所以成为不朽的美的经典，很大程度上在于她失去了双臂之后，更加完美地显示了她身上所蕴含的“S”曲线。威廉·荷加斯在《美的分析》中指出“一切由所谓波浪线、蛇形线组成的物体都能给人的眼睛以一种变化无常的追逐感，从而产生心理乐趣。”他单就视觉的快感带来心理的愉悦谈形式的因

〔奥地利〕 古斯塔夫·克里姆特《生命之树》

素，是对单纯的形式美感做出分析，缺少文化积淀上的进一步开掘。深入的思考是心灵上反复探究的熔炼，可以给艺术的直觉以厚重的凝聚。

中国书法中曲线的表现形式更是变化多端，如波状线、蛇形线、S形线、圆形线等等，不一而足。中国唐代书法家孙过庭在《书谱》中谈对前人书法的学习时写道："观夫悬针垂露之异，奔雷坠石之奇，鸿飞兽骇之资，鸾舞蛇惊之态……"这里书家就不是简单的对形式感的比喻了，而是带有对生命本身所寄予的感悟。又如唐代书法家张旭也曾费尽心机观"蛇斗"，体会其姿态的游动变化，同样也是对生命形式的演化抱有文化的视角。其实曲线最大的审美价值在于它富有节奏感、韵律感及多变灵动、刚柔相济的审美特征。

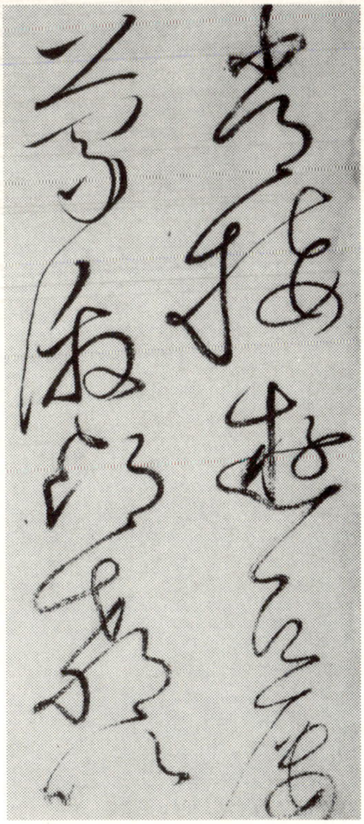

（唐）怀素《自述帖》（局部）

以蛇形曲线取法变化的书法，并不仅仅是中国所独有的，在许多的文化形态中都衍化出了不同的面貌，它们共同的表现是具有节奏感、韵律感和空间感。威廉·荷加斯所认定的"蛇形线赋予美以最大的魅力"，这个对人具有吸引力的线形，是人类文化在不断的演进中，从蛇的形态中抽象出来的一种线形，还是某人独具的心理所得，其实已经不用过多地论述了。人类文化史中更多的现象与器物，足以证明人们在用蛇形或蛇形线表达观念和对形式感的认识，是最有说服力的。

这件越人青铜蛇纹樽，距今两千多年。此樽的装饰较为特殊，颈部和圈足饰分割成三角形的几何纹，腹部饰蛇纹，每一组的边缘饰有

越人青铜蛇纹樽

鳄鱼纹。口沿一周饰多条首突起，身尾卧伏于器壁上的蛇纹，多作两头相对，其中一处三头相对，是目前仅见的一件口沿处作如此装饰的樽。一个器物的口沿，不论是实用器还是装饰用器物，基本上都是沿用实用的功能，口沿处平滑无碍也合乎人们的习惯心理。为什么有这样不合常情的怪异蛇形装饰，现在尚不得而知。

西周神面卣，此酒器上有一提梁，此提梁由共享一尾的两条龙组成，龙尾上翘。提梁的两端各有一个由象鼻、牛头、羊角组合而成的怪兽。器身上的神面双角和象首双耳均加细线刻画云纹。器和盖的正背面均饰正视神面，两侧为块形耳。神面卣的主题图案为一威严夸张的神面，双目圆睁，高鼻隆起，大嘴暴张，獠牙外突，有摄人魂魄之感。在威猛之中又略带笑意。这件卣装饰繁杂，情态怪异而又生动别致。神面卣的

西周神面卣

人类可以把所崇尚的其他生物模仿得极为逼真，也具有将其改造得更为适合自己需求的高超能力，使之成为自我精神力的一种体现。

青铜蛇纹提梁卣

这种装饰，表现了古人对鬼神的畏惧与虔敬，整件器物营造了一种庄严肃杀的气氛。卣下部近圈足处两侧面还各装饰一头双身蛇。蛇头居中前凸，蛇身左右延展，恰与提梁上的双身龙相呼应。这种在卣的几乎是最下部饰有一头双身的蛇，仿佛在暗喻这件神面卣所展现的不是人间的境界，而是一个形而上的精神场景，内容有明显的鬼神巫祀的色彩，这就是当时人们观念艺术的表现。

战国早期曾侯乙墓青铜器中有一副樽和盘是放置在一起的，樽放于盘中几乎浑然一体。两只器物几乎通体饰满了镂空的蟠虺纹。虺是一种小蛇，都作卷曲盘绕的形象，蟠虺纹是那个时期青铜器的典型纹饰之一，又称“蛇纹”。整套器物纹饰繁缛，穷极富丽，其精巧达到先秦青铜器的极致，尤其是器物上的镂空装饰，精微得令人咋舌。

战国曾侯乙墓青铜樽盘

青铜樽颈部饰蕉叶形蟠虺纹，蕉叶向上舒展，与樽顶微微外张的弧线相搭配，和谐又统一。在樽颈与腹之间加饰四条圆雕豹形伏兽，躯体由透雕的蟠螭纹构成，兽沿樽颈向上攀爬，回首吐舌，长舌垂卷如钩。樽腹、高足皆饰细密的蟠虺纹，其上加饰高浮雕虬龙四条，层次丰富，主次分明。而青铜盘直壁平底，四龙形蹄足口沿上附有四只方耳，皆饰蟠虺纹，与樽口风格相同。四耳下各有两条扁形镂空夔龙，龙首下垂。四龙之间各有一圆雕式蟠龙，首伏于口沿，与盘腹蟠虺纹相互呼应，从而突破了满饰蟠螭纹带来的滞塞和缺乏节奏感造成的呆板。整套器物的风格设计的精巧程度达到先秦青铜器的最高水平。就是在当今，也是让人无法想象的精妙。

曾侯乙墓出土的建鼓底座

曾侯乙墓出土的席镇

中国青铜时代的器物中表现出的蛇形象与蛇形曲线的紧密结合，其丰富变化的表现力也是举世罕见的。为什么当时人的审美观念中能有这样的审美感受？并且发展到如此的高度？是什么样的文化沉淀的驱使，令人们

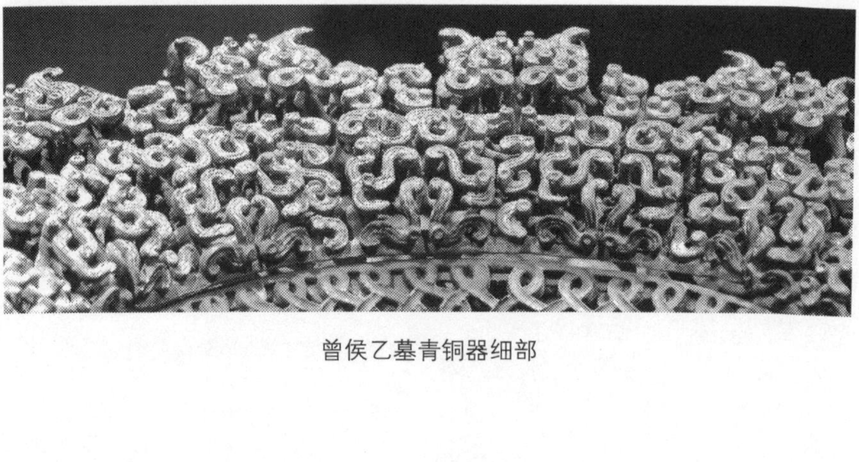

曾侯乙墓青铜器细部

在千百年中对它所包含的美学特征恋恋不舍？这是否可以说是后世人们青睐蛇形曲线的一个最直接的证据。

古代印度人相信珍贵的红宝石、蓝宝石和钻石，都深藏在毒蛇遍布的山谷中，人们很难接近。这些稀有的珍品也带有了灵异的色彩。蛇在人们的心中自然就成了珠宝的守护神。源自古老文明的神秘元素无疑成为不可割舍的经典理念，珠宝设计师们更是穷其才智，广泛地将蛇的形象与蛇形曲线运用到构思中。英国的维多利亚女王更是把以蛇为设计灵感的珠宝推向顶峰，渴望获得爱情与幸运的蛇形图案为女性所追捧，风靡于整个维多利亚时代。这种灵感主题一直沿袭至今不曾断绝。

是什么样的文化心理需求促使人类对美妙的蛇形曲线如此沉醉，如此迷恋？（背景链接十）只是这个曲线蕴含所谓优美的韵律吗？其中是否还包含着来自人类心理或精神上的底蕴，真不好说没有，也确实很难说有。

古埃及珍宝，荷鲁斯的王冠上有一条蛇

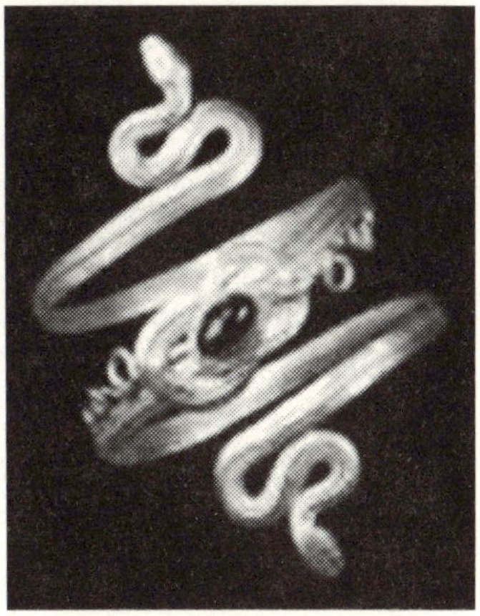

古希腊珠宝，款式为两条蛇缠绕的手镯，上饰石榴石

背景链接十：是什么样的文化心理需求促使人类对美妙的蛇形曲线如此沉醉，如此迷恋？

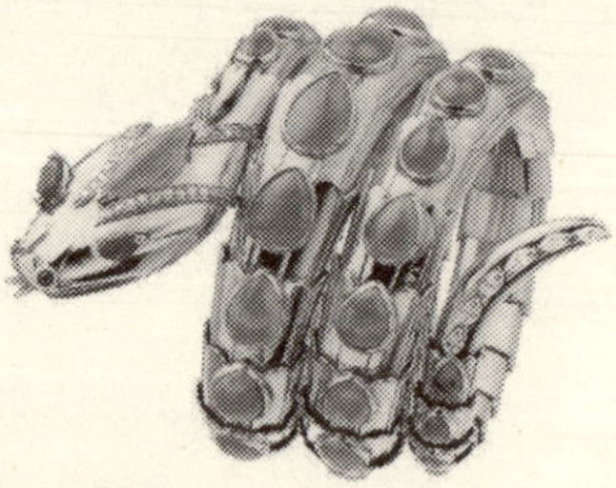

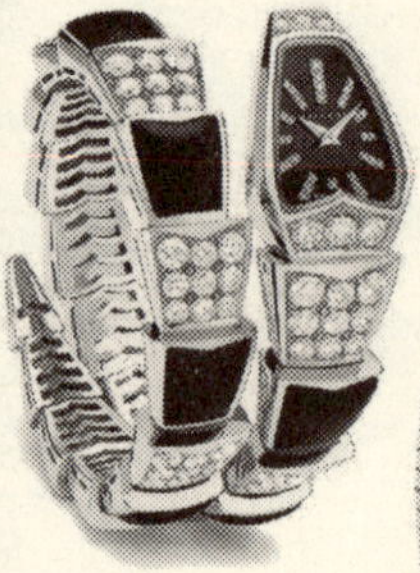

当代以蛇为造型的珠宝首饰，反映了蛇与女性的渊源关系

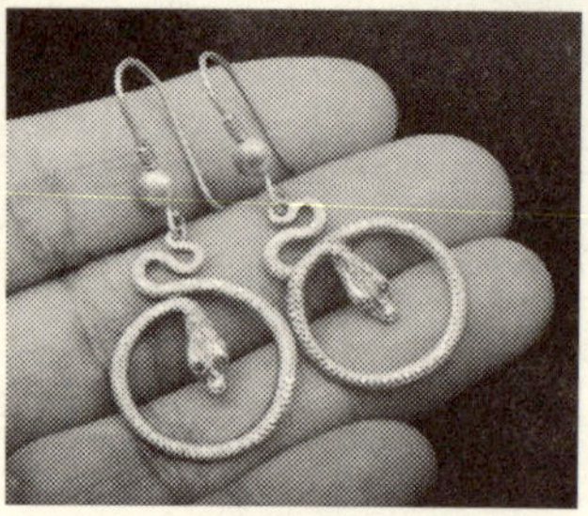

人们用珠宝装饰蛇的形象也是数千年来不曾改变的癖好，是它的文化意义左右了人们的审美习惯吗?

〔意〕 皮埃罗·迪·科西莫《西蒙内塔·韦斯普奇的肖像》

西蒙内塔·韦斯普奇不但在生前，而且在以后的数百年中，都被认为是整个文艺复兴时期最美的女子。当时佛罗伦萨由美第奇家族统治，最终忙于政务的哥哥罗伦佐败给了富有浪漫情调的弟弟朱利亚诺·美第奇。红颜薄命，当西蒙内塔成为朱利亚诺的妻子之后，不久就因病去世。朱利亚诺·美第奇在一次政变中遇刺后，根据他生前的意愿，人们把他与西蒙内塔葬在一起。大画家桑德罗·波提切利从第一次见到西蒙内塔的时候起，便把西蒙内塔看成是自己心中的偶像，并以她为模特儿创作了《春》等画作。皮埃罗·迪·科西莫在《西蒙内塔·韦斯普奇的肖像》中将蛇缠绕在主人的项链上，无疑给予了蛇特别的含义。其衔尾蛇的姿态，暗喻西蒙内塔富有征服世界的惊艳美丽。

这幅作品是意大利画家达·芬奇于1474年22岁时为贵族女孩珍妮维拉·德·本茨所作的《珍妮维拉·德·本茨肖像》。此时的作者还在著名画家和雕刻家安德烈·维罗吉奥的作坊里学艺，但他很早就显露出绘画的天才。我们所要注意的是油画背板上的文字及图像，被月桂枝和棕榈枝围绕的刺柏树枝，飘带上书写着VIRTUTEM FORMA DECORAT（美以载德）。在意大利语中刺柏是“GINGEPRO”，提示这个刺柏纹样在这里象征珍妮维拉的名字。正面画中衬托肖像的背景也是刺柏树，正好呼应了画面背后的图像。凑巧的是，刺柏也是文艺复兴时期表示纯洁的符号。隐喻的使用可以追寻到上古时代，只是达·芬奇把它构思绘制得更为精巧和充满精神意味。

〔意〕达·芬奇《珍妮维拉·德·本茨肖像》

《珍妮维拉·德·本茨肖像》背面

人们使用隐秘符号表达深刻的寓意，有着久远的历史。溯源而上，在精神这个层面上，显示了寓意曲折的图像隐喻之美。随着文化精神的发展，从中国宋代院体绘画中会看到以荷花比喻出淤泥而不染的高洁；民间的瓷枕有虎形枕，相同的是小孩子穿虎头鞋，有“唬邪”的暗喻。元代的水墨画大家黄公望谈到他山水画的寓意时也有“松树不见根，喻君子在野；杂树喻小人峥嵘之意”的表述。我们看他的《富春山居图》也正如他之所言，在画中的草木表现上寄予了自己的隐喻。明末清初画家八大山人的花鸟绘画中，有更多的个人精神对现实的寓意，如“哭之”或“笑之”的题款，以显其内心无可奈何的情态。

人类精神中偏爱隐喻的美感，比较起更为直白的表述，这种曲折的表达也体现出一种曲线之美。这种艺术表现手段往往会制造某种通感效果，与巫术中的通感应该存在着直接的渊源关系。这种对文化的

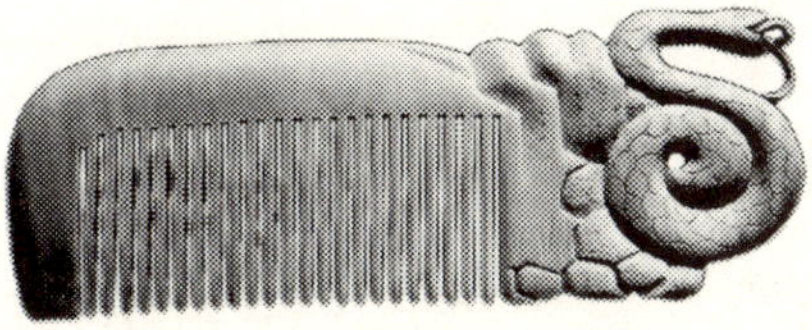

民间的工匠同样认为蛇形曲线具有不容忽视的美感

知觉、丰富的感觉通感应当是来自人类的文化积累，或者说这种经验来自更遥远的过去。随着人类不同时期对蛇所含价值的不同评价而有所变化。

古埃及人的王冠上就出现了蛇的形象，那只是代表威严的符号，还没有融进抽象美的范畴（背景链接十一）。古希腊罗马雕像中出现蛇的形象，就与人物的动态韵律紧密联系了。其实将蛇形曲线归纳在精致的数学规范中，并加以灵活运用，在古希腊盛期的古典艺术中就已经达到了极致。“米洛岛的阿芙罗蒂德”就是一个典型的例子，作者在黄金比例的框架里多重使用了蛇形“S”形曲线（背景链接十二）。断臂的古希腊雕像“米洛岛的阿芙罗蒂德”，就更集中地彰显了这个形式的魅力所在。这就是后世的雕塑家们无论如何也不能重新附加上双臂的根本原因，也是古希腊的雕塑家始料不及的残缺美的意外收获。蛇形曲线抽象美的艺术魅力对艺术家理想美的境界，具有

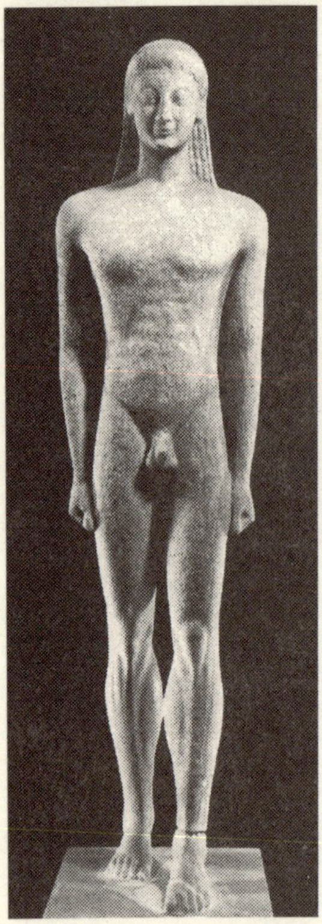

希腊古风时期青年立像

希腊古风时期的帕耳塞福涅像

在古埃及文化中，从图像的角度可以看到很多对蛇形象的表现，但是蛇形曲线还没能很自然地融入对艺术观念的表述中。如他们绘画中，其正面律的表现方式，也着意在更清晰简明地描述一个过程，并形成一种规范，希腊古风时期的雕塑也在继承这种风格。将蛇形曲线提炼为一种艺术形式是要经过一个漫长过程的，不论在西方还是东方文化中皆是如此。

埃及的古代壁画

古希腊《阿芙罗蒂德》

〔法〕 安格尔《泉》

〔法〕 科罗《浴女》

〔英〕 弗雷德里克·莱顿《宁芙》

〔奥地利〕 古斯塔夫·克里姆特《水蛇》

从这些作品中都可以提炼出完美的蛇形曲线，她们的“优美”，是因为我们久远以来文化观念给我们造成的“错觉”吗？是人类共有的认同感，在我们的内心中形成了诱惑，燃起了对美需求的欲望。

自然界中植物曲折变化的姿态

如此强大的吸引力，成为灵感不可或缺的来源之一。

其实自然形态的蛇形曲线是些不加规范修饰的动态线条，生物蛇的运动形态是这类线形的主要体现，线形弧度大小长短的无定，自由灵活性的延伸变化赋予这种线形极大的张力和运动感，精灵般的形态变幻形成自由无羁的舒展。曲线本身的千变万化当然也包含着自然的节奏与韵律，我们体会到的就是本质美的特质。这些蛇形曲线形式，也就自然而然地转身隐入到艺术的范畴。

艺术家们可以从自然界的众多物象中去发现种种曲线的变化，像山峦起伏的动势，江河流淌的婉转，树丛高低的变化，藤蔓扭曲的盘绕……几乎人们可以从身边所有的物象中找到曲线的形式。这种曲线可以演化出各式线形，如折线、螺形线、波纹线等等，**似乎艺术家们不约而同地用蛇形曲线来概括（背景链接十三）**，他们往往是沉醉在白日梦中的一群人。他们在精神梦幻中认定的，是否来自人类文化基因在潜意识中的影响，我们并不好肯定，因为现实中蛇

〔意〕 达・芬奇素描习作

战国时期的漆器

（南宋）米友仁《潇湘奇观》

那伽装饰带

〔意〕米开朗琪罗《创世记》

的形态变化也是最具典型性的。

达·芬奇在他的笔记簿中十分细致地写道：“任何物体的轮廓都必须加以非常细心的考虑，观察它们如何曲折如蛇，研究这些蛇形曲线……”这位艺术家是何等聪明之人，他把蛇形曲线在自己的作品中运用得驾轻就熟。然而与达·芬奇交往很深的年轻画家拉斐尔在使用蛇形曲线入画方面就有些刻意，后世的威廉·荷加斯在他的《美的分析》中就提出了批评：“拉斐尔偏爱上蛇形线，以致使这种线条达到可笑的过分程度，特别在衣褶上更是如此。诚然，卓越的观察生活的能力，很快就使他摆脱了这种错误。”很多的艺术表现是在不自觉的状况下使用了蛇形曲线，这来自它丰富的动感效果，而被艺术家下意识地运用到艺术的结构中。

艺术创作的理念无论与艺术的先锋性结合得多么紧密，创作者在创作的过程里，**构思构图的灵感，就行为本身来说，更多的是来自文化的直觉（背景链接十四）**。这来自两个方面：（一）纵向的来自同时代气氛的感染；（二）横向的来自文化传统的辐射。这两点决定着人类文化精神的衍化都要从一个最初的原点出发，形式衍化变幻成多么繁复的图像，都可以从中概括提炼出一个基本线条，它所蕴含的精神实质复杂而多样。但是在人的潜意识中，会不会对蛇动态魅力的认同，成为附会叠加到对蛇形曲线所附有艺术魅力的体验，需要心理学家和美学家们深入地研究探讨。

文化的认同感是人类文化得以相互交流融通的根本所在，艺术作品中蛇形曲线的存在，是否还有上古对蛇崇拜的美感体会隐约其中，在这里只能作为一个问题提出来。

苏美尔人的森林之神

从意象的角度看安格尔的这幅画，忒提斯就如蛇一样委身在朱庇特的腿前，作者在构思她的形象时，潜意识中被唤起的是与蛇情结交织在一起的情愫。同样，杰罗姆在《浴池中的女人》中的表现，潜意识里也会有蛇盘的姿态为他的创作冲动提供原动力。

〔法〕 安格尔《朱庇特与忒提斯》

〔法〕 杰罗姆《浴池中的女人》

〔英〕 弗雷德里克·莱顿《帕耳塞福涅归来》

这幅画面上，母女二人张开的双臂，会显得很僵硬，正是人物衣服上丰富变化的曲线，缓解了僵直感。从蛇形曲线演化出来的形式因素，形成了人们习惯的审美观念。

蛇形曲线能有多少种变化是我们想象不到的，它几乎就是世界无穷变化的一个浓缩，它不仅是一个艺术形式上的样式，而且完全可以上升到一个哲学问题来探讨的，或者说放到整个人类的文化进程中去考察其无法取代的作用。无论蛇形象在人类的文化中如何被褒贬，它的影响和威慑力至今仍不曾减弱。终归还是要回到具体的认识上，单就经典的艺术作品而言，潜藏在每一件作品背后的精神认同，依然萦绕着那个久远的蛇影像。

〔西汉〕 马王堆墓T型帛画

夏家店文化遗址彩陶罐

参考文献

[1] 段拭．汉画．北京：古典艺术出版社，1958

[2] 范晔．后汉书．北京：中华书局，2007

[3] 圣经．天津：天津人民美术出版社，2007

[4] （战国）列御寇．列子．北京：中华书局，2007

[5] （清）郝懿行．山海经笺疏．成都：巴蜀书社，1985

[6] （汉）应劭．吴树平校释，风俗通义校注，天津：天津人民出版社，1980

[7] （汉）贾谊．贾谊集．上海：上海人民出版社，1976

[8] （汉）司马迁等著，顾颉刚等点校．二十四史．北京：中华书局，2011

[9] 慕平译注．尚书．北京：中华书局，2009

[10] 费振刚，胡双宝，宗明华辑校．全汉赋．北京：北京大学出版社，1993

[11] 向熹译注．诗经．北京：高等教育出版社，2009

[12] 司马贞．补史记·三皇本纪见二十四史．上海：上海同文书局影印，光绪年

[13] 易经本义．天津：天津市古籍书店，1986

[14] （清）马骕．绎史．北京：中华书局，2002

[15] （宋）李昉编．太平御览．北京：中华书局，2006

[16] ［英］威廉·荷加斯．杨成寅译．美的分析．北京：人民美术出版社，1984

[17] （唐）孙过庭．孙过庭书谱．天津：天津古籍书店，1990

[18] （清）包世臣．艺舟双楫．北京：中国书店出版社，1983

[19] ［英］亚齐伯德·亨利·萨伊斯．陈超，赵伟佳译．古巴比伦宗教十讲．合肥：黄山书社，2010

[20] （元）周达观，夏鼐校注．真腊风土记校注．北京：中华书局，1981

[21] 王勇等编著．中国世界图腾文化．北京：时事出版社，2007

[22] 吴春明，王樱．“南蛮蛇种”文化史．南方文物，2010

后 记

不知道在这本书中，我们是否发现了一些值得一书的价值，一切只是从兴趣出发，由杂书堆中闲散读来，忽然看到不一样的风景，于是将其一一记述下来。这是学问吗？也许对于别人，这真是一门值得用一生的时间深入研究的学识，然而这不是我所惬意的生活样式，我更耽于白日梦的情境。探究是为了使用，可以扩展人生的视角，积累更是为丰富的直觉感受而浸于创作的快意里。当我专心绘画时，会突然萌发人到底是什么的念头，倏然之间似乎所有的思维头绪都断掉了，就像水母的触角，飘荡在莫名的空间中。时间使我恢复了知觉后，总有一些思考在脑海中时隐时现，仿佛欲望之海明灭不定的诱惑性的闪光。

十分珍惜陕西人民美术出版社给予的出版机会，鼓励我把这套书稿最终完成，万分感谢，恭候读者方家指正。

〔法〕皮埃尔・博纳尔《浴女》

图书在版编目（CIP）数据

灵蛇图像：情结与象征 / 段守虹著. — 西安:陕西人民美术出版社, 2014.5

（解读艺术的秘密）

ISBN 978-7-5368-3073-8

Ⅰ. ①灵… Ⅱ. ①段… Ⅲ. ①蛇－图腾－文化－研究－世界 Ⅳ. ①B933

中国版本图书馆CIP数据核字(2014)第009824号

解读艺术的秘密

灵蛇图像：情结与象征

段守虹　著

陕西出版传媒集团
陕西人民美术出版社 出版发行

出版人：李晓明

新华书店经销　西安新华印务有限公司印刷

700毫米×1000毫米　16开本　8.5印张　110千字

2014年5月第1版　2014年5月第1次印刷

ISBN 978-7-5368-3073-8

定价：26.00元

地址：西安市北大街147号　邮编：710003

http://www.mscbs.cn

发行电话：029-87262491　传真：029-87265112